A Grande
TRANSFORMAÇÃO

Dados Internacionais de Catalogação na Publicação (CIP)
(Câmara Brasileira do Livro, SP, Brasil)

Boff, Leonardo
A Grande Transformação : na economia, na política e na ecologia / Leonardo Boff. – Petrópolis, RJ : Vozes, 2014.

ISBN 978-85-326-4755-9

1. Ecologia 2. Economia 3. Meio ambiente 4. Política I. Título.

14-01081   CDD-333.7

Índices para catálogo sistemático:

1. Transformação : Política e ecologia :
Economia   333.7

A Grande
TRANSFORMAÇÃO

Na economia, na política e na ecologia

LEONARDO BOFF

EDITORA
VOZES

Petrópolis

© by Animus/Anima Produções Ltda.
Caixa Postal 92.144 – Itaipava
25741-970 Petrópolis, RJ
www.leonardoboff.com

Direitos de publicação em língua portuguesa:
2013, Editora Vozes Ltda.
Rua Frei Luís, 100
25689-900 Petrópolis, RJ
Internet: http://www.vozes.com.br
Brasil

Assessoria Jurídica e Agenciamento Literário:
Cristiano Monteiro de Miranda
(21) 99385-5335
cristianomiranda@leonardoboff.com

Todos os direitos reservados. Nenhuma parte desta obra poderá ser reproduzida ou transmitida por qualquer forma e/ou quaisquer meios (eletrônico ou mecânico, incluindo fotocópia e gravação) ou arquivada em qualquer sistema ou banco de dados sem permissão escrita da editora.

Diretor editorial
Frei Antônio Moser

Editores
Aline dos Santos Carneiro
José Maria da Silva
Lídio Peretti
Marilac Loraine Oleniki

Secretário executivo
João Batista Kreuch

Editoração: Maria da Conceição B. de Sousa

Diagramação: Alex M. da Silva

Capa: Adriana Miranda

ISBN 978-85-326-4755-9

Editado conforme o novo acordo ortográfico.

Este livro foi composto e impresso pela Editora Vozes Ltda.

Sumário

Introdução – A era das ameaças e das promessas globais, 9

Primeira parte
Economia

1 "Sou um técnico, mas tenho a técnica só dentro da técnica", 21

2 A sociedade de mercado: o nosso pecado original, 26

3 Estamos num voo cego, mas há uma carta de navegação, 30

4 Do ilusório gene egoísta ao caráter cooperativo do genoma humano, 34

5 Quem manda realmente no mundo de hoje?, 37

6 Uma governança global construída pelos mercadores, 41

7 A economia verde: último assalto à natureza?, 45

8 O Caso Brasil: uma empresa internacionalizada?, 54

9 A responsabilidade socioambiental das empresas e a ética, 61

10 Os povos originários nos ensinam o "bem viver", 86

Segunda parte
Política

1 O calendário da evolução dinâmica nos dá esperança, 91

2 Evolução, e não estabilidade, é o estado natural das coisas, 97

3 Articular o contrato natural com o contrato social, 101

4 O constitucionalismo ecológico: o exemplo da América Latina, 105

5 A exigência de rever e de reinventar conceitos, 109

6 O cuidado como um novo paradigma nas relações, 115

7 A convivialidade: uma virtude que nos falta, 120

8 A arrogância: o persistente vício do Ocidente e das igrejas, 124

9 O ateísmo ético purifica a religião e libera sua verdadeira missão, 132

10 Depois da *Shoah*, extermínio nazista dos judeus, como pensar o ser humano?, 137

11 O resgate necessário da inteligência emocional e espiritual, 142

Terceira parte
Ecologia

1 A Terra, o grande pobre que clama por libertação, 151

2 A urgência de enfrentar a sexta extinção em massa, 157

3 Pode a Mãe Terra não nos querer mais aqui?, 161

4 Sustentabilidade: tentativa de definição globalizante, 165

5 Cinco "erres" contra o consumismo e pela sustentabilidade, 168

6 O respeito: fundamento da ética, dos direitos humanos e da natureza, 172

7 O que é a vida e o caso do aborto, 183

8 Escutar a natureza: a lição dos povos originários, 192

9 E se a Terra se livrar da espécie humana, como fica?, 195

10 Deus está dentro e fora do processo evolucionário, 204

Conclusão – A importância da espiritualidade e da religiosidade para a Grande Transformação, 209

Livros de Leonardo Boff, 215

Introdução

A era das ameaças e das promessas globais

Vivemos na era das Grandes Transformações. Entre tantas, destaco apenas duas: a primeira no campo da economia e a segunda no campo da consciência.

A Grande Transformação na economia mundial

A partir de 1934, quando se consolidou a Revolução Industrial na Inglaterra, começou a se constituir uma Grande Transformação. Em que ela consiste?

A Grande Transformação consiste na passagem de uma *economia* de mercado para uma *sociedade* de mercado. Ou em outra formulação: de uma sociedade *com* mercado para uma sociedade só *de* mercado. Mercado sempre existiu na história da humanidade, mas nunca uma sociedade só de mercado. Quer dizer, uma sociedade que coloca a economia como o eixo estruturador único de toda a vida social, submetendo a ela a política e enviando a ética para o limbo.

Não se trata de qualquer tipo de mercado. É o mercado que se rege pela competição, e não pela cooperação. O que conta é o benefício econômico individual ou corporativo, e não o bem comum de toda uma sociedade. Geralmente esse benefício é alcançado às custas da devastação da natureza e da gestação perversa de desigualdades sociais.

O mercado deve ser livre; portanto, recusa controles e vê como seu grande empecilho o Estado, cuja missão, sabemos, é ordenar com leis e normas a sociedade – também o campo econômico – e coordenar a busca comum do bem comum. A Grande Transformação postula um Estado mínimo, limitado praticamente às questões ligadas à infraestrutura da sociedade, ao fisco, mantido o mais baixo possível, e à segurança. Tudo o mais pertence ao mercado.

Tudo pode ser levado ao mercado, do sexo à Santíssima Trindade. De tudo pode-se obter lucro. Até as coisas mais sagradas, ligadas diretamente à vida, como água potável, sementes, solos, órgãos humanos... são objeto de compra e venda e, por isso, ocasião de acumulação. Tais realidades têm grande valor, mas não têm preço. Por isso, jamais deveriam entrar no circuito comercial do mercado.

O gênio da mercantilização de tudo penetrou em todos os setores da sociedade: a saúde, a educação, o esporte, o mundo das artes e do entretenimento e até grupos importantes das religiões e das igrejas. Estas incorporaram a lógica do mercado, a criação de uma massa enorme de consumidores de bens simbólicos, igrejas pobres em espírito, mas ricas em meios de fazer dinheiro. Não raro no mesmo complexo funciona um templo e junto a ele um *shopping*. Enfim, trata-se sempre da mesma coisa: auferir rendas, seja com bens materiais seja com bens "espirituais".

Quem estudou em detalhe esse processo avassalador foi um historiador da economia, o húngaro-norte-americano Karl Polanyi (1886-1964). Ele cunhou a expressão *A Grande Transformação*, título do livro escrito antes do final da Segunda Guerra Mundial, em 1944. No seu tempo a obra não mereceu especial atenção. Hoje, quando suas teses se veem mais e mais confirmadas, tornou-se leitura obrigatória para todos os que se propõem entender o que está ocorrendo no campo da economia, com repercussão em todos os campos da atividade humana, não excluída a religiosa.

Essa forma de organizar a sociedade ao redor dos interesses econômicos do mercado cindiu a humanidade de cima abaixo: um fosso enorme se criou entre os poucos ricos e os muitos pobres. Gestou-se uma espantosa *injustiça social* com multidões feitas descartáveis, consideradas zeros econômicos, óleo gasto, não mais interessante para o mercado: produzem irrisoriamente e consomem quase nada.

Simultaneamente a Grande Transformação da sociedade de mercado criou também uma iníqua *injustiça ecológica*. No afã de acumular foram explorados de forma predatória bens e recursos da natureza, devastando ecossistemas inteiros, contaminando os solos, as águas, os ares e os alimentos, sem qualquer outra consideração ética, social ou sanitária.

A Grande Transformação supõe a Terra como um baú de recursos, um empório de produtos e uma banca de negócios. A fase atual é determinada pelo capital especulativo, totalmente desgarrado dos processos reais da produção. Se o Produto Interno Bruto Mundial (PIB) estaria em torno de 60 trilhões de dólares, o especulativo estaria, segundo alguns cálculos, na ordem de 600 trilhões de dólares. Um trilhão e quinhentos bilhões de dólares vão e vêm diariamente para os mercados especulativos em busca de ganhos maiores e instantâneos sem relação com o estado da produção e do comércio de bens e serviços.

A consequência mais direta é o crescimento dos lucros dos capitais especulativos em detrimento dos capitais produtivos, a precarizacão do trabalho e a expansão crescente da pobreza.

Um projeto dessa natureza, de acumulação ilimitada, não é suportado por um planeta limitado, pequeno, velho e doente. Eis que surgiu um problema sistêmico do qual os economistas desse tipo de economia raramente se referem: foram atingidos os limites físico-químicos-ecológicos do Planeta Terra. Tal fato dificulta, se não impede, a reprodução do sistema que precisa de uma Terra repleta de "recursos" (bens e serviços ou "bondades" na linguagem dos indígenas).

A continuar por esse rumo poderemos experimentar, como já o estamos experimentando, reações violentas da Terra. Como é um ente vivo que se autorregula, reage para manter seu equilíbrio afetado através de eventos extremos, terremotos, tsunamis, tufões e uma completa desregulação dos climas.

Essa transformação, por sua lógica interna, está se tornando biocida, ecocida e geocida. Destrói sistematicamente as bases que sustentam a vida. Esta corre risco e a espécie humana pode não ser mais benévola para a Terra, que tende – não é de todo descartável – a extirpá-la como se fosse uma célula cancerígena.

A Grande Transformação na ecologia

Em contrapartida, outra Grande Transformação está em curso, a da ecologia, que está penetrando na consciência coletiva humana. Ela é seu oposto dialético. Na medida em que crescem os danos à natureza, que afetam mais e mais as sociedades e a qualidade de vida, cresce a consciência de que, na ordem de 90%, tais danos se tributam à atividade irresponsável e irracional dos seres humanos, mais especificamente, àquelas elites de poder econômico, político, cultural e mediático que se constituem em grandes corporações multilaterais e que assumiram por sua conta os rumos do mundo. Temos, com urgência, que fazer alguma coisa que interrompa o percurso para o precipício. Como adverte a *Carta da Terra*, "ou fazemos uma aliança global para cuidar da Terra e uns dos outros, ou arriscamos a nossa destruição e a da diversidade da vida" (Preâmbulo).

A Ecologia, fundada como ciência em 1866 por Erns Heckel como subcapítulo da Biologia, a partir da crise ecológica revelada pelo Relatório do Clube de Roma em 1972 sob o título *Os limites do crescimento* tornou-se tema central da política, das preocupações da comunidade científica mundial e dos grupos mais despertos e preocupados com o nosso futuro comum.

O foco das questões se deslocou: do crescimento/desenvolvimento sustentável (impossível dentro da economia de mercado livre) para a sustentação de toda a vida. Primeiro há que se garantir a sustentabilidade do Planeta Terra, de seus ecossistemas, das condições naturais que possibilitam a continuidade da vida. Somente garantidas estas pré-condições se pode falar de sociedades sustentáveis, desenvolvimento sustentável ou de qualquer outra atividade que queira se apresentar com esse qualificativo.

A partir de então irrompeu uma nova consciência acerca do estado perturbado da Terra, da vida e da humanidade. A visão dos astronautas reforçou essa nova consciência. De suas naves espaciais ou da Lua se deram conta de que Terra e Humanidade formam uma única entidade. Elas não estão separadas nem são realidades paralelas. A Humanidade é uma expressão da Terra, a sua porção consciente, inteligente e responsável pela preservação das condições que continuamente produzem e reproduzem a vida.

Em nome dessa consciência e dessa urgência surgiu o princípio responsabilidade (Hans Jonas), o princípio cuidado (Boff e outros), o princípio sustentabilidade (Relatório Brundland), o princípio interdependência-cooperação (Heisenberg, Wilson e Swimme), o princípio prevenção/precaução (Carta do Rio de Janeiro de 1992 da ONU), o princípio compaixão (Schopenhauer e Dalai-Lama) e o princípio Terra (Lovelock e Evo Morales).

A reflexão ecológica se complexificou. Não se pode reduzi-la apenas à preservação do meio ambiente. A totalidade do sistema-mundo está em jogo. Assim, surgiu uma ecologia *ambiental*, que tem como meta a qualidade de vida; uma ecologia *social*, que visa um modo sustentável de vida (produção, distribuição, consumo e tratamento dos dejetos); uma ecologia *mental*, que se propõe criticar preconceitos e visões de mundo hostis à vida e formular um novo *design* civilizatório, à base de princípios e de valores para uma nova forma de habitar a Casa Comum; e por fim uma ecologia *integral*, que se dá conta de que a Terra é parte de um universo em evolução e que devemos viver em harmonia com o Todo, uno, complexo e carregado de propósito. O resultado disso é a paz.

Criou-se, destarte, uma grelha teórica, capaz de orientar o pensamento e as práticas amigáveis à vida e orientadoras de um novo paradigma de relação para com a natureza e a Terra.

Então se torna evidente que a ecologia, mais do que uma técnica de gerenciamento de bens e serviços escassos, representa uma arte, uma nova forma de relacionamento com a vida, a natureza e a Terra.

Por todas as partes do mundo surgiram movimentos, instituições, organismos, ONGs, centros de pesquisa, cada qual com sua singularidade: quem se preocupa com as florestas, quem com os oceanos, quem com a preservação da biodiversidade, quem com as espécies em extinção, quem com os ecossistemas tão diversos, quem com as águas e os solos, quem com as sementes e a produção orgânica. Dentre todos estes movimentos cabe enfatizar o *Greenpeace* pela persistência e coragem de enfrentar, sob riscos, aqueles que ameaçam a vida e o equilíbrio da Mãe Terra.

A própria ONU criou uma série de instituições que visam acompanhar o estado da Terra. As principais são o Pnuma (Programa das Nações Unidas para o Meio Ambiente), a FAO (Organização das Nações Unidas para a Alimentação e a Agricultura), a OMS (Organização Mundial da Saúde), a Convenção sobre a Biodiversidade e especialmente o IPPC (Painel Intergovernamental para as Mudanças Climáticas), entre outras tantas.

Esta Grande Transformação da consciência opera uma complicada travessia, necessária para fundar um novo paradigma, capaz de transformar a eventual tragédia ecológico-social numa crise de passagem que nos permitirá um salto de qualidade rumo a um patamar mais alto de relação amistosa, harmoniosa e cooperativa entre Terra e Humanidade.

As grandes travessias

Importa fazer as seguintes grandes travessias, a maioria delas em curso:

• Do paradigma Império, vigente há séculos, para o paradigma Comunidade da Terra.

• De uma sociedade industrialista, que depreda os bens naturais e tensiona as relações sociais, para uma sociedade de sustentação de toda a vida.

• Da Terra tida como meio de produção para a Terra como um ente vivo, chamado Gaia, Pacha Mama ou Mãe Terra.

• Da era tecnozoica, que devastou grande parte da biosfera, para a era ecozoica, pela qual todos os saberes e atividades se fazem interdependentes para salvaguardar a vida no planeta.

• Da lógica da competição, que se rege pelo ganha-perde e que opõe as pessoas, para a lógica da cooperação do ganha-ganha, que congrega e fortalece a solidariedade entre todos.

• Do capital material, sempre limitado e exaurível, para o capital espiritual e humano, ilimitado feito de amor, solidariedade, respeito, compaixão e de uma confraternização como todos os seres da comunidade de vida.

• De uma sociedade antropocêntrica, separada da natureza, para uma sociedade biocentrada, que se sente parte da natureza e busca ajustar seu comportamento à lógica do processo cosmogênico que se caracteriza pela sinergia, pela interdependência de todos com todos e pela cooperação universal.

Se é perigosa a Grande Transformação da sociedade de mercado, mais promissora ainda é a Grande Transformação da consciência. Triunfa aquele conjunto de visões, valores e princípios que mais congregam pessoas e melhor desenham um futuro de esperança para todos. Essa seguramente é a Grande Transformação da Consciência. Ela irá crescer, consolidar-se, ganhar mais e mais espaços de consciência e de práticas alternativas até assumir a hegemonia da nossa história.

Há um documento que merece ser citado por seu grande valor de inspiração e ser gerador de esperança: a *Carta da Terra*. Ela é fruto de uma vasta consulta dos mais distintos setores das sociedades mundiais, desde os povos originários, das tradições religiosas e espirituais até de notáveis centros de pesquisa. Foi animada especialmente por Mikhail Gorbachev, Steven Rockfeller, o ex-primeiro-ministro da Holanda Lubbers, Maurice Strong, subsecretário da ONU, e Mirian Vilela, brasileira que, desde o início coordenou os trabalhos e mantém o Centro na Costa Rica. Eu mesmo fiz parte do grupo e colaborei na redação do documento final. Depois de 8 anos de intensos trabalhos e de encontros frequentes nos vários continentes, surgiu um documento pequeno, mas denso, que incorpora o melhor da nova visão nascida das ciências da Terra e da vida, especialmente da Cosmologia contemporânea. Aí se traçam princípios e se elaboram valores no arco de uma visão holística da ecologia, que podem efetivamente apontar um caminho promissor para a humanidade presente e futura. Aprovado em 2001, foi assumido oficialmente em 2003 pela Unesco como um dos materiais educativos mais inspiradores no começo deste novo milênio.

A Hidrelétrica Itaipu-Binacional, a maior do gênero no mundo, tomou a sério as propostas da Carta da Terra, e seus dois diretores, Jorge Samek e Nelton Friedrich, conseguiram envolver 29 municípios que bordeiam o grande lago, onde vivem cerca de um milhão de pessoas, e fazer de fato uma Grande Transformação. Lá se realiza efetivamente a sustentabilidade e se aplica o cuidado e a responsabilidade coletiva em todos os municípios e em todos os âmbitos, mostrando que, mesmo dentro da velha ordem, pode-se gestar o novo, porque as pessoas mesmas vivem já agora o que querem para os outros.

Se concretizarmos o sonho da Terra, esta não será mais condenada a ser como agora, para a maioria das pessoas e dos seres vivos, um vale de lágrimas e uma via-sacra de padecimentos. Ela pode ser transformada numa montanha de bem-aventuranças, possíveis à nossa sofrida existência e uma pequena antecipação da transfiguração do Tabor.

Para que isso possa ser sonhado e começado a ser posto em prática fomos motivados a produzir este livro.

L.B.

Petrópolis, 01/01/2014

PRIMEIRA PARTE

Economia

1

"Sou um técnico, mas tenho a técnica só dentro da técnica"

Hoje se propaga pomposamente que vivemos sob a sociedade do conhecimento, uma espécie de nova era das luzes. Efetivamente assim é. Conhecemos cada vez mais sobre cada vez menos. O simples camponês tem que se apropriar de conhecimentos do solo, de sua eventual salinização, do risco dos pesticidas e dos transgênicos, das várias e possíveis consorciações entre plantas... caso contrário prejudica ou diminui sua produção. O conhecimento se especializou de tal forma que colonizou todas as áreas do saber. O saber de um ano é maior que todo saber acumulado dos últimos 40 mil anos.

Se por um lado isso traz inegáveis benefícios, por outro nos faz ignorantes sobre tantas dimensões da vida, colocando-nos escamas sobre os olhos e assim impedindo-nos de ver a totalidade, não como é projetada pelo *marketing*, mas assim como a natureza a configurou.

A questão do conhecimento especializado é que acaba reduzindo a realidade ao tamanho desse conhecimento. À força de analisar as árvores esqueceu-se de ver a floresta da qual a árvore é uma expressão. A realidade sempre desborda dos conceitos e das teorias que elaboramos sobre ela. Aqui vale o princípio de Gödel, da implenitude de todo saber. Daí não podermos alimentar o pensamento único, por ser redutor e encobridor de dimensões da realidade. O que se exige é a aliança dos saberes, tão ardorosamente proposta por Ilya Prigogine, Nobel em Termodinâmica e um dos formuladores da Teoria do Caos, da complexidade e das estruturas dissipativas da entropia. Nessa aliança estão os saberes tradicionais – das benzedeiras, dos curadores com ervas, da medicina xamânica dos povos originários – como o saber cotidiano da experiência imediata – o saber crítico, transmitido pelas escolas, e o saber científico das universidades e centros de pesquisa. Cada saber abre uma janela sobre o real e nos mostra dimensões escondidas. A articulação desses saberes enriquece o ser humano, torna-o dialogal e humilde, aberto a sempre aprender e a respeitar a realidade, porque, no fundo, não sabemos o que ela realmente é e esconde.

Mas faz-se mister assinalar que coisas mais importantes da vida não cabem em nenhum saber nem esquema científico. Quanta ciência há no amor apaixonado de dois amantes? Quanta ciência há na compaixão humanitária de Madre Teresa de Calcutá ou da religiosa francesa, formada na Sorbonne, que se embrenhou na floresta amazônica para unir seu destino a uma tribo indígena em extinção? Tais excelências não cabem no paradigma da ciência, da razão funcional e instrumental-analítica, mas são expressão da inteligência cordial e sensível, que é o berço dos valores e daquilo pelo qual vale a pena viver e morrer.

O que está em jogo hoje é a totalidade do destino humano e o futuro da biosfera. Objetivamente estamos pavimentando uma estrada que nos poderá conduzir ao abismo. Por que esse fato brutal não está sendo vislumbrado pela maioria dos especialistas, dos chefes de Estado nem dos grandes meios de comunicação, que pretendem projetar cenários prováveis do futuro? Simplesmente porque, majoritariamente, encontram-se enclausurados em seus saberes específicos nos quais são muito competentes, mas que, por isso mesmo, fazem-se cegos para os gritantes problemas globais.

Não realizam o que já dizia com humor Álvaro de Campos (Fernando Pessoa): "Sou um técnico, mas tenho a técnica só dentro da técnica; fora disso sou doido, com todo o direito a sê-lo" (*Lisbon Revisited*, 450). Mas entendamos bem o sentido da frase. Ele pode ser mais do que técnico, alguém para além dos esquemas dominantes, e, por isso, doido, mas doido para pensamento único. Como dirá logo adiante: "tenho em mim todos os sonhos do mundo" (*Tabacaria*, 456); portanto, está livre dos constrangimentos do real fechado em si mesmo. Os que têm a técnica em todos os âmbitos de sua realidade e para quem nada mais existe para além da técnica, estes se fazem idiotas especializados, porque fecharam as janelas para outras paisagens e se privaram da criatividade que vive de sonhos, visões e utopias.

Quais dos grandes centros de análise mundial dos anos 60 do século passado previram a mudança climática dos anos 80-90? Que analistas econômicos com prêmio Nobel anteviram a crise econômico-financeira que devastou os países centrais superopulentos em 2008? Todos eram eminentes especialistas no seu campo limitado, mas idiotizados nas questões fundamentais.

Geralmente ocorre assim: só vemos o que entendemos. Como os especialistas entendem apenas um segmento da realidade que estudam – a economia –, acabam vendo apenas essa parte, ficando cegos para todo o resto. O saber é cartesiano e compartimentado, e mudá-lo desmontaria hábitos científicos consagrados e toda uma visão de mundo. Por isso, preferem continuar no mesmo caminho trilhado. Se não trilharmos caminhos novos nunca deixaremos a marca de nossos passos.

É ilusória a independência dos territórios da Física, da Química, da Biologia, da Mecânica Quântica, da nova cosmologia e de outros. Todos os territórios e seus saberes são interdependentes, uma função do todo, como o deixou claro a Teoria da Complexidade e a própria Física Quântica à la Heisenberg ou à la Bohr.

Desta percepção nasceu a ciência do sistema-vida e do sistema-Terra. Dela se derivou a Teoria Gaia, a Terra como uma superentidade viva. Não se trata de um tema da *New Age,* mas do resultado de minuciosa observação científica de como a Terra articula a sua base física, química, ecológica e energética de forma tão sutil que sempre se faz produtora e reprodutora de vida em sua imensa diversidade, especialmente a vida microscópica, que compõe 95% de toda a vida. Somente 5% da vida é visível e captável por nossos sentidos.

Essa compreensão da Terra viva oferece a base para políticas globais de controle do aquecimento global. Pode até ocorrer que, devido à incúria humana em fazer frente ao processo de degeneração da vitalidade da Terra, para sobreviver, ela tenda a reduzir a biosfera e até a diminuir o número dos organismos vivos, não excluídos os seres humanos. Assim, não seríamos mais benquistos pela Mãe Terra, pois comparecemos demasiadamente destrutivos de sua integridade e das demais espécies orgânicas.

Emblemática foi a COP-15, a Conferência Mundial, organizada pela ONU sobre as mudanças climáticas em Copenhagen, em 2005. Como a grande maioria na nossa cultura é vítima da atomização dos saberes e do compartimento dos problemas, o que predominou nas negociações e nos discursos dos chefes de Estado foram interesses parciais e privados dos países. Não tomaram a Terra com um todo, mas discutiram problemas laterais como: os níveis de presença de CO_2 na atmosfera, as cotas de investimento para diminuí-la, os custos das transferências de tecnologias e outros temas afins.

A questão central era outra: Que destino queremos para a totalidade que é a nossa Casa Comum? O que podemos fazer coletivamente para garantir as condições necessárias para Gaia continuar habitável para nós e para outros seres vivos, e não em último lugar para as futuras gerações?

Esses são problemas globais que transcendem o nosso paradigma de conhecimento especializado. A vida não cabe numa fórmula nem o cuidado numa equação de cálculo. Para captar esse todo precisa-se de uma leitura sistêmica junto com a razão cordial e sensível, pois é esse tipo de razão que nos faz captar os problemas e nos leva à ação. Como sabiamente dizia Blaise Pascal, a razão mostra toda a sua potencialidade construtiva se ela vem articulada com a *raison du coeur*, com a razão do coração. Portanto, a razão científica deve se deixar impregnar e amalgamar pela sensibilidade do coração. Então será uma ciência com consciência e altamente benéfica para uma captação mais completa do real. Daí que precisamos ler emotivamente os dados frios da ciência para que eles nos comovam e nos movam a ações necessárias.

Temos que desenvolver urgentemente a capacidade de somar, de interagir, de religar, de repensar, de refazer o que foi desfeito e de inovar. Esse desafio se dirige a todos os especialistas, para que se convençam de que a parte sem o todo não é parte e o todo sem as partes não é o todo. Da articulação de todos esses saberes redesenharemos o painel global da realidade a ser compreendida, amada e cuidada. Essa totalidade constitui o conteúdo principal da consciência planetária, esta sim, a era da luz maior – o novo iluminismo – que nos liberta da cegueira que tanto nos prejudica e encobre a grandeza do mundo natural e humano.

2

A sociedade de mercado: o nosso pecado original

Normalmente as sociedades se assentam sobre o seguinte tripé: na *economia*, que garante a base material da vida humana para que seja boa e decente; na *política*, pela qual se distribui o poder e se montam as instituições que fazem funcionar a convivência social na justiça e na equidade; a *ética*, que estabelece os valores e normas que regem os comportamentos humanos para que haja equilíbrio e paz e que se resolvam os conflitos sem recurso à violência. Geralmente a ética é acompanhada por uma aura espiritual que responde pelo sentido último da vida e do universo, exigência própria do espírito humano e que, na verdade, está sempre presente na agenda da vida humana.

Essas instâncias se entrelaçam numa sociedade funcional, mas sempre nesta ordem: a economia obedece à política e a política se submete à ética.

Mas a partir da Revolução Industrial no século XIX, precisamente a partir de 1834, a economia começou na Inglaterra a se descolar da política e a soterrar a ética. Surgiu uma economia de mercado na qual todo sistema econômico fosse dirigido e controlado apenas pelo mercado, livre de qualquer controle ou de um imperativo ético.

Aqui reside o pecado original que coloca a inteira sociedade numa situação que vai levá-la a um caminho desviante ao terminar por mercantilizar tudo, as coisas mais sagradas e a própria vida. Ninguém viu melhor esse processo do que Karl Marx, em 1847, no seu livro *A miséria da filosofia*: "Chegou, enfim, um tempo em que tudo o que os homens haviam considerado inalienável se tornou objeto de troca, de tráfico e podia vender-se. O tempo em que as próprias coisas que até então eram coparticipadas, mas jamais trocadas; dadas, mas jamais vendidas; adquiridas, mas jamais compradas – virtude, amor, opinião, ciência, consciência etc. –, tudo passou para o comércio. O tempo da corrupção geral, da venalidade universal ou, para falar em termos de economia política, o tempo em que qualquer coisa, moral ou física, uma vez tornada valor venal, é levada ao mercado para receber um preço, no seu mais justo valor". Karl Polanyi irá mostrar em detalhe como se chegou a essa venalidade e mercantilização geral da sociedade de mercado.

A marca registrada deste mercado não é a cooperação, mas a competição, que se estende para além da economia e impregna todas as relações humanas. Mais ainda, criou-se, no dizer de Karl Polanyi, "um novo credo totalmente materialista, que acreditava que todos os problemas poderiam ser resolvidos por uma quantidade ilimitada de bens materiais" (*A Grande Transformação*. Rio de Janeiro: Campus 2000, p. 58). Esse credo é ainda hoje assumido com fervor religioso pela maioria dos economistas do sistema imperante e, em geral, pelas políticas públicas.

A partir de agora a economia funcionará como o único eixo articulador de todas as instâncias sociais. Tudo passará pela economia, concretamente pelo PIB. Quem estudou em detalhe esse processo foi o filósofo e historiador da economia já referido, Karl Polanyi (1866-1964), de ascendência húngara e judia e mais tarde convertido ao cristianismo de vertente calvinista. Nascido em Viena, atuou na Inglaterra e depois, sob a pressão macarthista, entre Toronto no Canadá e a Universidade de Columbia nos Estados Unidos. Ele demonstrou que "em vez de a economia estar embutida nas relações sociais, são as relações sociais que estão embutidas no sistema econômico" (p. 77). Então ocorreu o que ele chamou de *A Grande Transformação:* de uma *economia* de mercado se passou a uma *sociedade* de mercado. Em outra formulação: de uma sociedade *com* mercado passou-se a uma sociedade unicamente *de* mercado.

Consequentemente nasceu um novo sistema social, nunca antes havido, no qual a sociedade não existe; apenas os indivíduos competindo entre si, coisa que Reagan e Thatcher irão repetir à saciedade. Tudo mudou, pois tudo, tudo mesmo, vira mercadoria. Qualquer bem será levado ao mercado para ser negociado em vista do lucro individual: produtos naturais, manufaturados, coisas sagradas ligadas diretamente à vida como água potável, sementes, solos, órgãos humanos. Polanyi não deixa de observar que tudo isso é "contrário à substância humana e natural das sociedades". Mas foi o que triunfou especialmente no pós-guerra. O mercado é "um elemento útil, mas subordinado a uma comunidade democrática", diz Polanyi. O pensador está nos princípios do modelo de "uma democracia econômica".

Polanyi não teve muita aceitação em seu tempo, pois ia contra a economia florescente em voga. O interesse dele foi sempre este: associar economia com a sociedade e com a cultura. No seu livro póstumo e incompleto, publicado somente em 1977, aparece claramente a busca dessa articulação: *A substância do homem: o lugar da economia na história e na sociedade.*

Hoje Polanyi tornou-se um clássico cujos ecos podem ser notados até nos discursos do Papa Francisco. Os efeitos sociais e ecológicos desastrosos de uma mercantilização de tudo, particularmente dos bens e serviços da natureza, obriga-nos a repensar o lugar da economia no conjunto da vida humana, especialmente diante dos limites da Terra.

É responsável levar adiante um tipo de sociedade de mercado que se rege pelo individualismo mais feroz, pela acumulação obsessiva e ilimitada e pelo vazio de todos aqueles valores sem os quais nenhuma sociedade pode se considerar humana: a cooperação, a solidariedade, o cuidado de uns para com os outros, a proteção da biodiversidade, o amor e a veneração pela Mãe Terra, o encantamento pelo universo, a escuta da consciência que nos incita para o bem, nosso e dos outros, e a abertura aos apelos do Transcendente?

Quando uma sociedade se entorpeceu como a nossa, e por seu crasso materialismo se fez incapaz de sentir o outro como outro, somente enquanto eventual produtor e consumidor, está cavando seu próprio abismo. O que disse Noam Chomsky na Grécia (22/12/2013) vale como um alerta: "Aqueles que lideram a corrida para o precipício são as sociedades mais ricas e poderosas, com vantagens incomparáveis como os Estados Unidos e o Canadá. Esta é a louca racionalidade da 'democracia capitalista' realmente existente".

Agora podemos fazer a retorção ao *There is no Alternative* (*Tina*) (Não há alternativa), sempre usada pelo sistema imperante para impedir qualquer mudança e fazer mais do mesmo com a mesma fórmula: *Não há alternativa*. Efetivamente, ou mudamos ou pereceremos – deve haver uma alternativa –, porque os nossos bens materiais não nos salvarão. Se sucumbirmos, será o preço letal que pagaremos por termos entregado nosso destino à ditadura da economia transformada na única coisa que conta e num "deus salvador" para todos os problemas.

A Grande Transformação se transformou na Grande Perversão.

3

Estamos num voo cego, mas há uma carta de navegação

Somos todos passageiros na única nave espacial Terra. Mas as condições da viagem são totalmente diferentes: um pequeno grupo de super-ricos e poderosos reservou para si a primeira classe com um luxo escandaloso; outros, felizardos, ainda viajam na classe econômica e são servidos razoavelmente de comida e bebida. O resto da humanidade, aos milhões, viaja junto às bagagens, sujeito ao frio de dezenas de graus abaixo de zero, semimorto de fome, de sede e no desespero. Esmurra as paredes dos de cima, gritando: Ou repartimos o que temos nesta única nave espacial ou, num certo momento, acabará o combustível e, pouco importando as diferenças de classe, todos morreremos. Mas quem os escutará? Impassíveis, se saturam no consumismo.

Metaforicamente esta é a situação real da humanidade. Na verdade, estamos perdidos e num voo cego. Como chegamos a esta situação que brinca com a morte?

Percorremos dois modelos de produção e de utilização dos bens e serviços naturais para atender às demandas humanas. Ambos fracassaram. Não cabe detalhar os dados. O sistema do *socialismo real* era de economia de planejamento estatal centralizado. Chegou a níveis razoáveis de igualdade-equidade nos campos da educação, da saúde e da moradia, mas, por razões internas e externas, especialmente por seu caráter ditatorial, não conseguiu resolver os problemas internos e ruiu.

O sistema *capitalista neoliberal* de mercado livre com fraco ou nenhum controle de Estado também fracassou em razão de sua lógica interna, a de acumular de forma ilimitada bens materiais sem qualquer outra consideração. Produziu duas injustiças graves: uma social, a ponto de 20% dos mais ricos controlarem 82,4% das riquezas da Terra e os 20% mais pobres devendo-se contentar com 1,6%; e outra injustiça, a ecológica, que devasta ecossistemas inteiros e elimina espécies de seres vivos de 70 a 100 mil por ano. Esse sistema quebrou em 2008, exatamente no coração dos países centrais. Se não tivesse havido a intervenção do Estado, tão desprezado por ele, a humanidade ingressaria num caos social e econômico altamente destrutivo da natureza e de vidas humanas.

O comunismo chinês é *sui generis*: de modo pragmático combina todos os modos de produção, desde o uso da força física das pessoas, dos animais, até a mais alta tecnologia, articulando propriedade estatal com privada ou mista, desde que o resultado final seja uma maior produção com mínimo sentido de justiça social e ecológica.

Mas importa reconhecer que está crescendo o convencimento bem-fundado de que o sistema-Terra limitado em bens e serviços, pequeno e superpovoado já não suporta um projeto de crescimento ilimitado. A Terra perdeu as condições de repor totalmente tudo o que lhe foi pilhado. Como temos a ver com uma superentidade viva, Gaia, ela mostra reações cada vez mais violentas: mudanças climáticas bruscas, furacões, tsunamis, ativação dos vulcões, degelo, desertificação espantosa, erosão da biodiversidade e um aquecimento global que não para de crescer. Quando vai parar esse processo? Se continuar, para onde nos vai levar?

Somos urgidos a mudar de rumo, vale dizer, assumir novos princípios e valores, capazes de organizar de forma amigável nossa relação para com a natureza e para com a Casa Comum. O documento mais inspirador é seguramente a *Carta da Terra*, nascida de uma consulta mundial que durou oito anos, sob a inspiração de Mikhail Gorbachev e aprovada pela Unesco em 2003. Ela incorpora os dados mais seguros da nova cosmologia, que mostram a Terra como momento de um vasto universo em evolução, viva e dotada de uma complexa comunidade de vida, portadora do mesmo código genético de base, de sorte que entre todos vigora um real laço de parentesco.

Quatro princípios axiais estruturam o documento: (1) o respeito e o cuidado pela comunidade de vida; (2) a integridade ecológica; (3) a justiça social e econômica; (4) a democracia, a não violência e a paz. Com severidade adverte: "Ou formamos uma aliança global para cuidar da Terra e uns dos outros, ou arriscamos a nossa destruição e a da diversidade de vida" (preâmbulo).

Estas palavras finais resumem bem o arrojado projeto de reinventar a humanidade: "Como nunca antes na história, o destino comum nos conclama a um *novo começo*. Isso requer uma mudança na mente e no coração. Requer um novo sentido de interdependência global e de responsabilidade universal. Só assim alcançaremos um modo de vida sustentável nos níveis local, regional, nacional e global" (Conclusão).

Repare-se que não se fala de reformas, mas de um *novo começo*. Trata-se de reinventar a humanidade. Tal propósito demanda um novo olhar sobre a Terra (mente), vista como um ente vivo e uma nova relação de cuidado e de amor (coração), obedecendo à lógica universal da interdependência de todos com todos e da responsabilidade coletiva pelo futuro comum.

Este é o caminho a seguir, que servirá como carta de navegação que poderá conduzir a nave Terra a um porto seguro. Então, com nosso poeta maior, Luís de Camões, podemos cantar:

> Depois de procelosa tempestade
>
> Noturna sombra e sibilante vento
>
> Traz a manhã serena claridade,
>
> Esperança de porto e salvamento.

4

Do ilusório gene egoísta ao caráter cooperativo do genoma humano

Tempos de crise sistêmica como os nossos favorecem uma revisão de conceitos e a coragem para projetar outros mundos possíveis que realizem o que Paulo Freire chamava de o "inédito viável".

É notório que o sistema capitalista imperante no mundo é consumista, visceralmente egoísta e depredador da natureza. Está levando toda a humanidade a um impasse, pois criou uma dupla injustiça: a ecológica, por estar devastando a natureza, e outra social, por gerar imensa desigualdade social.

Simplificando, mas nem tanto, poderíamos dizer que a humanidade se divide entre aquelas minorias que comem à tripa forra e aquelas maiorias que se alimentam insuficientemente ou simplesmente passam fome. Se agora quiséssemos universalizar o tipo de consumo dos países ricos para toda a humanidade, necessitaríamos, pelo menos, de três Terras iguais à atual.

Esse sistema pretendeu encontrar sua base científica na pesquisa do zoólogo britânico Richard Dawkins, que em 1976 escreveu seu famoso *O gene egoísta*. Por ele se funda a luta de todos contra todos em vista da sobrevivência individual.

A nova biologia genética mostrou, entretanto, que esse gene egoísta é ilusório, pois os genes não existem isolados, mas constituem um sistema de interdependências, formando o genoma humano que obedece a três princípios básicos da biologia: a cooperação, a comunicação e a criatividade. Portanto, o contrário do gene egoísta. Isso o demonstraram nomes notáveis da nova biologia como os Prêmio Nobel Barbara McClintock, J. Bauer, C. Woese e outros. Bauer denunciou que a Teoria do Gene Egoísta de Dawkins "não se funda em nenhum dado empírico". Pior, "serviu de correlato biopsicológico para legitimar a ordem econômica anglo-norte-americana", individualista e imperial (*Das kooperative Gen*, 2008, p. 153).

Disto se deriva que, se quisermos atingir um modo de vida sustentável e justo para todos os povos, aqueles que consomem muito devem reduzir drasticamente seus níveis de consumo. Isso não se alcançará sem forte cooperação, solidariedade, uma sobriedade compartida e uma clara autolimitação nos impulsos de ter e de consumir.

Detenhamo-nos nesta última, a autolimitação, pois é uma das mais difíceis de ser alcançada devido à predominância do consumismo, induzido por uma furiosa campanha de *marketing* comercial e difundido em todas as classes sociais.

A autolimitação implica uma renúncia necessária para poupar a Mãe Terra, para tutelar os interesses coletivos e para promover uma cultura da simplicidade voluntária e da sobriedade compartilhada. Não se trata de não consumir, mas de consumir de forma sóbria, solidária e responsável face aos nossos semelhantes, a toda a comunidade de vida e às gerações futuras que também terão o direito de consumir.

A limitação é, ademais, um princípio cosmológico e ecológico. O universo evolui e se expande a partir de duas forças que sempre se autolimitam: a força de expansão e a força de contração. Sem esse recíproco limite interno a criatividade cessaria e seríamos esmagados pela contração.

Na natureza funciona o mesmo princípio: as bactérias, por exemplo, se não se limitassem entre si e se uma delas perdesse os limites, em bem pouco tempo ocuparia todo o planeta, desequilibrando a biosfera. Os ecossistemas garantem a sustentabilidade pelo equilíbrio das espécies que convivem, sempre relacionados com o meio e às demais energias terrenais e cósmicas, permitindo que todos possam coexistir.

Ora, para sairmos da atual crise precisamos, mais do que tudo, reforçar a cooperação de todos com todos, a comunicação entre todas as culturas e grande criatividade para delinearmos um novo paradigma de civilização. Há que darmos um adeus definitivo ao individualismo excludente que inflacionou o "ego" em detrimento do "nós", que inclui não apenas os seres humanos, mas toda a comunidade de vida, a Terra e o próprio universo.

5

Quem manda realmente no mundo de hoje?

O individualismo – marca registrada da sociedade de mercado e do capitalismo como modo de produção e sua expressão política o (neo)liberalismo – revela toda sua força mediante as corporações nacionais e multinacionais. Nelas vigora cruel competição dentro da lógica do ganha-perde.

Pensava-se que a crise sistêmica de 2008 – que afetou pesadamente o coração dos centros econômico-financeiros nos Estados Unidos e na Europa, lá onde a sociedade de mercado é dominante e elabora as estratégias para o mundo inteiro – levasse a uma revisão de rota. Ainda mais que não se trata apenas do futuro da sociedade de mercado mundializada, mas de nossa civilização e até de nossa espécie e do sistema-vida.

Muitos como J. Stiglitz e P. Krugman esperavam que o legado da crise de 2008 seria um grande debate sobre que tipo de sociedade queremos construir. Enganaram-se rotundamente. A discussão não se deu. Ao contrário, a lógica que provocou a crise foi retomada com mais furor.

Richard Wilkinson, um dos maiores especialistas sobre o tema *desigualdade*, foi mais atento e disse, ainda em 2013, numa entrevista ao jornal *Die Zeit* da Alemanha: "A questão fundamental é esta: Queremos verdadeiramente viver segundo o princípio que o mais forte se apropria de quase tudo e o mais fraco é deixado para trás?"

Os super-ricos e superpoderosos decidiram que querem viver segundo o princípio do mais forte e que se danem os mais fracos. São eles que realmente comandam o curso político do mundo contra o sentimento ético da humanidade. Por isso, comenta Wilkinson, "creio que todos temos necessidade de uma maior cooperação e reciprocidade, pois as pessoas desejam uma maior igualdade social". Esse desejo é intencionalmente negado por esses epulões.

Via de regra, a lógica capitalista é feroz: uma empresa engole a outra (eufemisticamente se diz que se fizeram fusões). Quando se chega a um ponto em que só restam apenas algumas grandes, elas mudam a lógica: ao invés de se guerrearem, fazem entre si uma aliança de lobos e comportam-se mutuamente como cordeiros. Assim articuladas, detêm mais poder, acumulam com mais certeza para si e para seus acionistas, desconsiderando totalmente o bem da sociedade.

A influência política e econômica que exercem sobre os governos – em sua maioria, muito mais fracos do que elas – é extremamente constrangedora, interferindo no preço das *commodities,* na redução dos investimentos sociais, na saúde, na educação, no transporte e na segurança. Os milhares que, protestando, ocupam as ruas no mundo e no Brasil intuíram essa dominação de um novo tipo de império, feito sob o lema: "A ganância é boa" (*greed is good*) e "devoremos o que pudermos devorar".

Há excelentes estudos sobre a dominação do mundo por parte das grandes corporações multilaterais. Conhecido é o do economista norte-americano David Korten: "Quando as corporações regem o mundo" (*When the Corporations rule the World*. Berret-Koehler Publisher, 1995/2001). Mas fazia falta um estudo de síntese. Este foi feito pelo

Instituto Suíço de Pesquisa Tecnológica (ETH) em Zurique, 2011, que se conta entre os mais respeitados centros de pesquisa, competindo com o MIT. O documento envolve grandes nomes; é curto, não mais de 10 páginas, e há 26 sobre a metodologia para mostrar a total transparência dos resultados. Foi resumido pelo Prof. de economia da PUC-SP Ladislau Dowbor em seu site, que será nossa referência básica.

Dentre as 30 milhões de corporações existentes, o Instituto selecionou 43 mil para estudar melhor a lógica de seu funcionamento. O esquema simplificado se articula assim: há um pequeno núcleo financeiro central que possui dois lados, como uma gravata borboleta: de um, são as corporações que compõem o núcleo, e, do outro, aquelas que são controladas por ele. Tal articulação cria uma rede de controle corporativo global. Esse pequeno núcleo (*core*) constitui uma superentidade (*super entity*). Dele emanam os controles em rede, o que facilita a redução dos custos, a proteção dos riscos, o aumento da confiança e, o que é principal, a definição das linhas da economia global que devem ser fortalecidas, e onde.

Esse pequeno núcleo, fundamentalmente de grandes bancos, detém a maior parte das participações nas outras corporações. O topo controla 80% de toda rede de corporações. São apenas 737 atores, presentes em 147 grandes empresas. Aí estão o Deutsche Bank, o J.P. Morgan Chase, o UBS, o Santander, o Goldes Sachs, o BNP Paribas, entre outros tantos. No final, menos de 1% das empresas controla 40% de toda a rede.

Este fato nos permite entender a indignação dos *Occupies* e de outros quando dizem que 1% das empresas faz o que quer com os recursos suados de 99% da população. Eles não trabalham e nada produzem, apenas fazem mais dinheiro com dinheiro lançado no mercado da especulação.

Foi essa absurda voracidade de acumular ilimitadamente que gestou a crise sistêmica de 2008. Esta lógica aprofunda cada vez mais a desigualdade e torna mais difícil a saída da crise. Quanto de desumanidade aquenta o estômago dos povos? Pois tudo tem seu limite e a economia não é tudo, como nos querem fazer crer.

Mas agora nos é dado ver as entranhas do monstro. Como diz Dowbor: "A verdade é que temos ignorado o elefante que está no centro da sala". Ele está quebrando tudo, cristais, louças e pisoteando pessoas. Mas até quando? O senso ético mundial nos assegura que uma sociedade não pode subsistir por muito tempo assentada sobre a superexploração, a mentira e os comportamentos antivida.

A grande alternativa é oferecida por David Korten, que tem trabalhado com Joanna Macy, uma das mais comprometidas educadoras com o novo paradigma e com um futuro diferente e otimista do mundo (*Nossa vida como Gaia*, 2004). A grande virada (*The Great Turning*) se dará com a passagem do paradigma "Império" para o da "Comunidade da Terra". O primeiro dominou nos últimos cinco mil anos. Agora chegou seu ponto mais baixo de degradação. Uma virada salvadora é a renúncia ao poder como dominação imperial sobre e contra os outros na direção de uma convivência de todos com todos na única "Comunidade da Terra", na qual seres humanos e demais seres da grande comunidade de vida convivam, colaborem e juntos mantenham uma Casa Comum hospitaleira e acolhedora para todos. Só nesta direção poderemos garantir um futuro de esperança.

6

Uma governança global construída pelos mercadores

No capítulo anterior abordamos o império das grandes corporações que controlam os fluxos econômicos e através deles as demais instâncias da sociedade mundial. A constituição perversa desse império surgiu devido à falta de uma governança global que se faz cada dia mais urgente. Há problemas globais como os da paz, da alimentação, da água, das mudanças climáticas, do aquecimento da Terra, das migrações dos povos e outras que, por serem globais, demandam soluções globais. Essa governança é impedida pelo egoísmo e pelo individualismo das grandes potências. Isso foi analisado por nós como uma das marcas mais definitórias do capitalismo e de uma sociedade de mercado.

Uma governança global supõe que cada país renuncie um pouco de sua soberania para criar um espaço coletivo e plural em que as soluções para os problemas globais pudessem ser globalmente atendidas. Mas nenhuma potência quer renunciar uma unha sequer de seu poderio, mesmo agravando-se os problemas, particularmente os ligados aos limites físicos da Terra, capaz de atingir negativamente a todos por meio de eventos extremos.

Note-se que vigora uma cegueira lamentável na maioria dos economistas e na sociedade em geral, como já o temos analisado. Nos abundantes debates televisivos e em mesas-redondas de congressos, o tema gerador é quase sempre a economia e seus altos e baixos.

Lamentavelmente se constata que os expositores e debatedores nunca, ou raramente, trazem à baila os limites de suportabilidade do sistema-vida e do sistema-Terra. Sequer se dão conta de que tais limites impossibilitam seus projetos e, o que é pior, põem em xeque a reprodução do capital. Prolongam o enfadonho discurso econômico no velho paradigma, como se a Terra fosse um reservatório inesgotável de recursos ilimitados e a economia se medisse pelo PIB, sendo um subcapítulo da matemática e da estatística.

Falta pensamento. A maioria dos economistas não está habituada a pensar o que sabe. Infelizmente mal sabem que se não abandonarmos a obsessão do crescimento material ilimitado e em seu lugar não buscarmos a equidade-igualdade social, só pioraremos a situação já ruim.

Queremos abordar um complemento do império perverso das grandes corporações, que se revela ainda mais desavergonhado, pois o individualismo se expressa em sua mais pura e transparente dimensão. Trata-se da busca de um Acordo Multilateral de Investimentos. Quase tudo é discutido a portas fechadas. Mas, na medida em que é detectado e noticiado, se retrai, para logo em seguida voltar sob outros nomes.

A intenção é criar um livre-comércio total e institucionalizado entre os Estados e as grandes corporações. Os termos da questão foram amplamente apresentados por Lori Wallach da diretoria do Public Citizen's Global Trade Watch no *Le Monde Diplomatique Brasil* de novembro de 2013.

Tais corporações visam saciar o seu apetite de acumulação em áreas relativamente pouco atendidas pelos países pobres: infraestrutura sanitária, seguro-saúde, escolas profissionais, recursos naturais, equipamentos públicos, cultura, direitos autorais e patentes. Os contratos se prevalecem da fragilidade dos Estados e impõem condições leoninas. As corporações, por serem transnacionais, não se sentem submetidas às normas nacionais referentes à saúde, à proteção ambiental e à legislação fiscal. Quando estimam que por causa de tais limites o lucro futuro esperado não foi alcançado, podem, por processos judiciais, exigir um ressarcimento do Estado (do povo), que pode chegar a bilhões de dólares ou de euros.

Essas corporações consideram egoisticamente a Terra como de ninguém, à semelhança do velho colonialismo. O primeiro que chega se apropria do que quiser dela. Municiados por uma equipe de advogados do mais alto gabarito (não mais que uns 15 no mundo), conseguem que os tribunais lhes concedam o direito de adquirir terras, mananciais de águas, lagos e outros bens e serviços da natureza.

Elas, comenta Wallach, "não têm obrigação nenhuma para com os países e podem disparar processos quando e onde lhes convier" (p. 5). Exemplo típico e ridículo é o caso do fornecedor sueco de energia Fattenfall, que exige bilhões de euros da Alemanha por sua "virada energética" que prometeu abandonar a energia nuclear e enquadrar mais severamente as centrais de carvão. O tema da poluição, da diminuição do aquecimento global e da preservação da biodiversidade do planeta é letra morta para esses depredadores, em nome do lucro.

A sem-vergonhice comercial chega a tais níveis, que os países signatários desse tipo de tratado "se veriam obrigados não só a submeter seus serviços públicos à lógica do mercado, mas também a renunciar a qualquer intervenção sobre os prestadores de serviços estrangeiros que cobiçam seus mercados" (p. 6). O Estado teria uma parcela mínima de manobra em questão de energia, saúde, educação, água e transporte, exatamente os temas mais cobrados nos protestos de junho de 2013 por milhares de manifestantes no Brasil e em outros lugares no mundo.

Esses tratados estavam sendo negociados com os Estados Unidos e o Canadá, com a Alca na América Latina e especialmente entre a Comunidade Europeia e os Estados Unidos.

O que revelam estas estratégias? Uma economia que se autonomizou de tal maneira que somente ela conta, anula a soberania dos países, apropria-se da Terra como um todo e a transforma num imenso empório privado e numa mesa de negócios. Tudo vira mercadoria: as pessoas, seus órgãos, a natureza, a cultura, o entretenimento e até a religião e o céu. Nunca se leva em conta a possível reação massiva da sociedade civil que pode, enfurecida e com justiça, rebelar-se e pôr tudo a perder.

Graças a Deus que, envergonhados, mas ainda obstinados, os negociadores, com seus projetos, estão se escondendo atrás de portas fechadas. Mas as maquinações continuam de forma cada vez mais sofisticada e secreta. A voracidade pelo poder e pela acumulação não os deixa em paz, e sempre de novo retomam os mesmos propósitos de controlar, até por espionagem, toda a humanidade.

7

A economia verde: último assalto à natureza?

A "economia verde" é o novo discurso hegemônico assumido pela ONU, por governos e por empresas. O termo nasceu como resposta ao relatório da ONU de 2006 sobre o impacto econômico das mudanças climáticas. A ideia era organizar uma transição de uma economia marrom (energias fósseis), de alto carbono, para uma economia verde (energias alternativas), de baixo carbono. Em 22 de outubro de 2008 o Pnuma lançou um documento orientador, sob forte influência de analistas alemães, com o título: "Para uma economia verde" (*Towards Green Economy – Pathways to sustainable Development and Poverty Erradication*").

O que é a "economia verde"?

O Pnuma (Programa das Nações Unidas para o Meio Ambiente) assim entende a economia verde "como uma economia que resulta em melhoria do bem-estar da humanidade e igualdade social, ao mesmo tempo em que reduz significativamente riscos ambientais e escassez ecológica", a erradicação da pobreza e a preservação do capital natural. Esta é uma definição de propósitos. Nada se diz acerca dos meios e das transformações macroeconômicas e sociais necessárias para alcançar tão nobres fins. Questão: Esta iniciativa é realizável dentro do sistema de crescimento ilimitado vigente?

A Rio+20, celebrada em 13-22/06/2012 no Rio de Janeiro e organizada pela ONU, em seu documento oficial, "Que futuro queremos", assumiu a economia verde "no contexto do desenvolvimento sustentável, da preservação ambiental e da erradicação da pobreza". A análise crítica do texto mostra, entretanto, que se trata de um amontoado desordenado de comovedoras boas-intenções ("aprovamos, apoiamos, saudamos, reforçamos" etc.), mas sem qualquer sentido prático ao não oferecer mediações concretas, tecnologias e fundos monetários para realizar essas boas-intenções. O documento da ONU evita o termo "desenvolvimento sustentável" como tema central, pois tem a consciência de sua banalização e de seu desgaste social. Como denunciava M. Gorbachev, esse tipo de desenvolvimento se revelou insustentável, pois "engendra crises, injustiça social e o perigo de catástrofe ambiental" (*O Globo*, 09/06/2012). Bam Ki-Moon, secretário da ONU, foi mais severo, dizendo aos super-riscos em Davos, em janeiro de 2011: "O atual modelo econômico mundial é um pacto de suicídio global".

Para escapar dessa ameaça se projetou a "economia verde". Ela pretende ser uma alternativa ao modo de produção vigente que visa a acumulação ilimitada sem consideração dos limites da Terra, dos ecossistemas e das desigualdades, ou tem a ver com o esverdeamento ideológico do mesmo processo?

Elementos aceitáveis da "economia verde"

Mas já que se impôs a expressão "economia verde", vamos tentar desentranhar o que de positivo possa existir nela e advertir sobre o altíssimo risco que esconde. É próprio do gênio do capitalismo criar constantemente novas iniciativas e adaptações que lhe permitem realizar a sua volúpia de acumulação. A "economia verde" poderia ser uma dessas armadilhas. Ela pode significar várias coisas, até positivas.

Em *primeiro lugar*, visa a recuperação das áreas verdes desmatadas ou resultantes de degradação e de erosão dos solos e manter em pé florestas ainda existentes. É um propósito positivo e deve ser realizado com urgência. São as manchas verdes que garantem a água potável, sequestram o dióxido de carbono, diminuindo o aquecimento global. A economia verde nesse sentido é desejável.

Em *segundo lugar* pode sinalizar a valorização econômica das assim chamadas externalidades, como água, solos, ar, nutrientes, paisagens; vale dizer, dimensões da natureza (verde) etc. Estes elementos não entravam na avaliação de preço dos produtos. Eram simplesmente bens gratuitos da natureza que cada um podia se apropriar. Hoje, entretanto, com a escassez de bens e serviços, especialmente de água, nutrientes, fibras e outros, começam a ganhar valor. Estes devem entrar na composição do preço do produto. Não se trata ainda de mercantilizar tais bens e serviços, mas de incluí-los como parte importante do produto. Portanto, os ecossistemas não são externalidades, mas a base material, energética e biótica da qual dependem a vida e a sociedade humana. O mesmo vale para os resíduos produzidos que acabam poluindo águas, envenenando solos e contaminando o ar. Os custos de sua transformação, reciclagem, reuso ou eliminação devem entrar nos custos finais dos produtos.

Assim, por exemplo, para cada quilo de carne bovina precisa-se de 15.500 litros de água; para um hambúrguer de carne, 2.400 litros; para um par de sapatos 8.000 litros; e até para uma pequena xícara de café, 140 litros de água. O capital natural usado deve ser incluído no capital humano. Em outras palavras, a economia deve estar dentro da sociedade como a ética dentro da economia, coisa que até agora viviam descoladas – a grande denúncia de Karl Polanyi. Desta preocupação surgiu a "sociologia econômica", com Mark Granovetter e Smelser e Swedberg, ou o ecodesenvolvimento e bioeconomia, de Ignace Sachs, Ladislau Dowbor e Ricardo Abramovay.

Há cálculos macroeconômicos que apreciaram o valor dos serviços prestados à humanidade pelo conjunto dos ecossistemas que formam o capital natural. Utilizo um dado antigo, de 1977, mas que serve como referência válida, embora hoje as cifras sejam muito mais altas. Os cálculos foram realizados por um grupo de ecologistas e de economistas sensíveis às questões ambientais. Estimaram que naquela ocasião o valor da contribuição do capital natural para a vida da humanidade fosse de 33 trilhões de dólares/ano. Isso representava quase duas vezes o produto mundial bruto, que era, em 1977, da ordem de 18 trilhões de dólares (hoje é de 50-60 trilhões). Em outras palavras: se a humanidade quisesse substituir o capital natural por recursos artificiais precisaria acrescentar ao PIB mundial 33 trilhões de dólares/ano, sem dizer que essa substituição seria praticamente impossível. Pela "economia verde" se pretende tomar em consideração o valor estimativo do capital natural, já que está em alto grau de degradação e de crescente escassez. Nesse sentido, a "economia verde" possui uma validade aceitável.

Em *terceiro lugar*, economia verde, na compreensão do Pnuma e da Rio+20, deve "produzir uma melhoria do bem-estar do ser humano, a equidade social, ao mesmo tempo em que reduz significativamente os riscos ambientais e a escassez ecológica". Tal propósito só é alcançável mediante outro modo de produção que não seja o vigente, que respeita o mais possível o alcance e os limites de um determinado ecossistema e avalia que tipo de intervenção pode ser feito sem estressá-lo a ponto de não poder se reproduzir. Demos alguns exemplos. Trata-se de buscar energias alternativas às fósseis, altamente poluentes, energias que se baseiam nos bens e serviços da natureza que menos poluem como a energia hidrelétrica, a eólica, a solar, a das marés, a da geotérmica e a de base orgânica. Sabemos que nunca haverá energia totalmente pura. Mas seu impacto negativo sobre a biosfera pode ser enormemente diminuído.

A água-doce será um dos bens mais escassos da natureza (só 0,7% é acessível ao consumo humano). Decorre daí a necessidade de construir prédios que captem água da chuva para múltiplos usos; obrigar que todas as construções novas montem captadores de energia solar; reutilizar e reciclar tudo o que for possível. Como contrapartida aos subsídios concedidos pelo Estado, obrigar as montadoras a construir carros que economizem mais energia e diminuam a poluição. Subsídios e empréstimos às empresas deverão ser condicionados à observância de itens ambientais ou ao resgate de regiões degradadas. Obrigar os supermercados a não utilizarem sacolas plásticas no acondicionamento das compras e encaminhar para reúso e reciclagem todos os dejetos. As fábricas de produtos eletrônicos deverão assumir a reciclagem de aparelhos usados. Diminuir o mais possível o uso de pesticidas na agroindústria e favorecer a agroecologia, a agricultura familiar e a economia solidária, diminuindo a carga de impostos na venda de seus produtos. E assim poderíamos multiplicar indefinidamente os exemplos.

A pressuposição é que esse tipo de "economia verde" represente uma transição para uma verdadeira sustentabilidade econômica até hoje não alcançada.

Cabe, entretanto, observar que o aquecimento global incontido, a entrada de milhões e milhões de novos consumidores, especialmente da China e da Índia e também do Brasil, a pressão sobre os ecossistemas exercida por parte dos 3 bilhões de pessoas que serão incorporadas ao consumo em vinte anos irão onerar ainda mais o capital natural já em descenso. Crescerão enormemente as emissões de gases de efeito estufa. Por ano, cada pessoa emite quatro toneladas de dióxido de carbono, e a totalidade da humanidade cerca de trinta bilhões de toneladas, informa J. Sachs, da Universidade de Columbia, EUA. Como a Terra digerirá essa carga venenosa? Os desastres naturais mostram a incapacidade de manter seu equilíbrio. Ignace Ramonet, no *Le Monde Diplomatique* (13/05/2012), afirma que, em 2010, 90% dos desastres naturais resultaram do aquecimento global. Causaram a morte de 300.000 pessoas e um prejuízo econômico de cem bilhões de Euros.

Esse tipo de economia verde é aceitável na medida em que for mais a fundo em sua formulação para, então, apresentar um outro paradigma de relação para com a Terra, no qual não a economia, mas a sustentabilidade geral do planeta, do sistema-vida, da humanidade e de nossa civilização devem ganhar centralidade. Em razão desse propósito é preciso organizar a base material econômica em sinergia com os limites da Terra. É preciso que nos sintamos parte dela e comissionados para cuidá-la, para que possa nos dar tudo o que precisamos para viver junto com a comunidade de vida.

Problemas e riscos da "economia verde"

A economia verde não equaciona duas grandes questões e nos coloca diante de um altíssimo risco. Ela não resolve a questão da *desigualdade.* A igualdade não é compatível com a manutenção do nível de consumo dos mais ricos. Um americano consome em média seis vezes mais que um indiano. A igualdade exige a imposição de limites, negados pelo atual sistema, que busca acumulação e consumo ilimitado. A pegada ecológica da Terra não aguenta mais. Se quiséssemos universalizar o nível de consumo dos países ricos, precisaríamos de três Terras iguais a esta. Encostamos já nos limites da Terra. Forçá-los faz com que ela reaja sob a forma de tufões, secas, enchentes, tsunamis e eventos extremos. Impõe-se uma redução do consumo e caminhar para uma sobriedade condividida.

A "economia verde" pode representar também a perversa voracidade humana, especialmente das grandes corporações, de fazer negócios com o que há de mais sagrado na natureza, que são os bens comuns da Terra e da humanidade, cuja propriedade deve ser coletiva. Entre eles se contam: a água, os aquíferos, os rios e os oceanos, a atmosfera, as sementes, os solos, as terras comunais, os parques naturais, as paisagens, as línguas, a ciência, a informação genética, os meios de comunicação, a internet, a saúde e a educação entre outros. Como estão intimamente ligados à vida, não podem ser transformados em mercadoria pura e simples e entrarem no circuito de compra e venda. A vida é sagrada e intocável.

Pôr preço nos bens e serviços que a natureza nos dá gratuitamente, privatizando-os com a intenção de lucro, é a suprema insensatez de uma sociedade de mercado. Ela já havia operado a perversidade de passar de uma economia de mercado para uma sociedade de mercado. Assim, por exemplo, procura-se ganhar não somente com a madeira da Amazônia, mas também vendendo sua capacidade de criar biodiversidade e umidade. Não se quer ganhar negociando apenas o mel da abelha, mas se quer lucrar com sua capacidade de polinização. Como tudo é feito *commodities* para o mercado, assim também os bens e serviços naturais e vitais são transformados em *commodities*. Esse tipo de economia verde é inaceitável.

Se essa tendência da "economia verde" triunfar, significará o último grande assalto dos humanos vorazes e biocidas sobre a natureza e a Terra. O caminho ao abismo seria irreversível. Então nem teremos filhos e netos para chorar o nosso trágico destino, porque eles também não existirão.

Algumas referências

ABRAMOVAY, R. *Muito além da economia verde*. São Paulo: Planeta Sustentável, 2012.

BOFF, L. *Sustentabilidade*: o que é o que não é. Petrópolis: Vozes, 2012.

_____. *Cuidar da Terra, proteger a vida* – Como evitar o fim do mundo. Rio de Janeiro: Record, 2010.

BOFF, L. & HATHAWAY, M. *O Tao da libertação* – Explorando a ecologia da transformação. Petrópolis: Vozes, 2012.

CECHIN, A. *A natureza como limite da economia* – A contribuição de Nicholas Georgescu-Roegen. São Paulo: Senac/Edusp, 2011.

DEPARTMENT OF ECONOMIC AND SOCIAL AFFAIRS (DESA). *The great green technological transition, world economic and social survey*. Nova York: [s.e.], 2011.

DOWBOR, L. *Democracia econômica*. Petrópolis: Vozes 2008.

GROUPE ETC. *Qui contrôlera l'economie verte*? (2012) [Disponível em www.etcgroup.org/es/node/5298 2012].

HEINBERG, R. *The End of Growth* – Adapting to our New Economic Reality. [Can.]: New Society Publisher, 2011.

JACKSON, T. *Prosperity without Growth?* – The Transition to a sustainable economy. Londres: [s.e.], 2009.

LESBAUPIN, I. "A solução é a "economia verde?" *IHU*, 03/03/2012. São Leopoldo.

MAYR, E. *This is Biology*: the Science of the Living World. Harvard: Harvard University Press, 1997.

Millennium Ecosystem Assessment – Ecosystems and Human Well-being: Syntesis. Washington: Island Press, 2012.

NADAL, A. "Economia verde, novo disfarce do neoliberalismo". *IHU*, 18/01/2012. São Leopoldo.

OLMOS, M. "O futuro verde". *Valor Econômico*, 13/12/2009. São Paulo.

RAMONET, I. "Los retos de Rio+20". *Le Monde Diplomatique*, jul./2012.

SACHS, D. "Humanidade sustentável". *Agenda Envolverde*, 14/02/2012. São Paulo.

SACHS, I. *A terceira margem* – Em busca do ecodesenvolvimento. São Paulo: Companhia das Letras, 2010.

SEFRAS. "Economia verde – Qual o valor da natureza". *IHU*, 12/03/2012. São Leopoldo.

SMELSER, N.J. & SWEDBERG, R. *Handbook of Economic Sociology*. Princeton: Princeton University Press, 2005.

The Economics of Ecosystems and Biodiversity [Disponível em www. teebeweb.org].

8

O Caso Brasil: uma empresa internacionalizada?

A cabeça pensa a partir de onde os pés pisam. Assim, as várias interpretações do acontecimento-Brasil, tidas como clássicas, revelam o lugar social a partir de onde os muitos intérpretes leem e releem a nossa realidade.

Os intérpretes do Brasil

Simplificando a questão, quase de forma reducionista, diria que tudo começou já com a Carta de Pero Vaz de Caminha, com sua leitura ingênua, deslumbrada e paradisíaca do mundo novo que encontrou. Mas era a visão a partir das naves de Pedro Álvares Cabral, e não da praia dos indígenas.

A leitura crítica e refletida, no entanto, ganhou corpo já com Joaquim Nabuco, com seus dois textos clássicos: *O Abolicionismo* (1883) e *Minha formação* (1900). Sua tese era o binômio: homens livres, numa sociedade livre e com trabalho livre.

Contribuição inestimável nos deu Gilberto Freyre. Trabalhou a partir de *Casa-grande & senzala* (1933). O eixo articulador é o patriarcado brasileiro, que tem no escravo de engenho seu contraponto. Patriarcado não apenas entendido como fase fundadora do Brasil, mas como força social subjacente às atuais estruturas sociais.

Sérgio Buarque de Holanda, com suas *Raízes do Brasil* (1936), reflete o processo de industrialização nascente, particularmente no seu ponto mais visível, que era São Paulo. Aí surge uma nova classe ambiciosa – os capitães da indústria – que lançará as bases do assim chamado Brasil moderno, embora ainda dependente e associado ao capital mundial.

Caio Prado Júnior, com sua *Formação do Brasil Contemporâneo* (1942) e *A formação econômica do Brasil* (1945), representa os interesses, as resistências e as lutas da classe operária. Teve o mérito de utilizar as categorias adequadas para essa leitura, as elaboradas por Karl Marx. Aquilo que não tinha centralidade nem em Freyre nem em Buarque de Holanda – o proletariado –, ganha aqui especial relevância, dando-nos conta das gritantes contradições sociais da realidade brasileira.

Na esteira de Caio Prado Júnior cabe situar Florestan Fernandes com seu *A revolução burguesa no Brasil* (1975). Trata-se de assinalar as novas relações de poder do capitalismo nascente que ocupará o aparelho de Estado e a partir dele dirigirá o desenvolvimento brasileiro no interesse da classe burguesa.

Celso Furtado, o melhor de nossos economistas, tentou em suas muitas obras, mas principalmente em *Formação econômica do Brasil* (1959) e *Um projeto para o Brasil* (1968), interpretar o país no contexto da macroeconomia globalizada, sob a hegemonia norte-americana, e sua inserção subordinada, como sócio menor e dependente. Mas sempre sustentou: o "desafio maior é mudar o curso da civilização, deslocar o seu eixo da lógica dos meios a serviço da acumulação, num curto horizonte de tempo, para uma lógica dos fins em função do bem-estar social, do exercício da liberdade e da cooperação entre os povos" (*Brasil: a construção interrompida*, 2000, p. 76). Enquanto esta virada não ocorrer, a construção do Brasil como nação autônoma será incompleta e o tornará incapaz de ajudar na configuração de um outro tipo de civilização.

Darcy Ribeiro, como antropólogo e pensador das culturas, em *O povo brasileiro* (1995) deixou-se impactar pela singularidade dos brasileiros, feitos de muitos povos, mas principalmente de três: do índio, do negro e do europeu, que se mesclaram e geraram esse fenômeno antropologicamente singular da feliz mestiçagem, característica de um povo novo. Esta mestiçagem serviu de base para propor uma refundação do Brasil, a partir dele mesmo e com a vocação de ser a Roma dos Trópicos, não uma Roma imperial e dominadora, mas uma Roma cordial, da conciliação dos opostos, da convivência sem preconceitos e da abertura ao abraço a todos os povos.

Não poderíamos omitir o nome de Roberto da Matta, que seguiu um caminho próprio. Ao invés de analisar, como comumente se procede, as estruturas histórico-sociais do país, tomou como material de reflexão a vida cotidiana, o vivido concreto, do povo brasileiro com suas distintas lógicas, a lógica da rua, a lógica da casa, o jeitinho, a malandragem, a importância das festas, do carnaval e do futebol. Conhecido é seu livro *Carnavais, malandros e heróis: para uma sociologia do dilema brasileiro* (Rio de Janeiro: Zahar, 1979). Em seu *O que faz o brasil Brasil?* (Rio de Janeiro: Rocco, 1986) desenha as principais características do povo brasileiro: complexo, contraditório, mas como uma visão relacional da realidade, capaz de combinar opostos e fazer sínteses felizes; gerador de uma cultura multiétnica e multirreligiosa, espantosamente criativo e com uma visão mística e encantada do mundo. Seu lado lúdico e a esperança que o caracteriza conferem leveza à vida, quiçá uma contribuição fecunda que pode oferecer ao processo de globalização, tão rigidamente marcado pela competição e burocratização da vida.

Uma interpretação singular: o Brasil como uma empresa internacionalizada

Referidas sucintamente estas principais interpretações, queremos nos deter numa que nos parece de grande força, especialmente no contexto atual da universalização da sociedade de mercado e do processo avançado de globalização. Trata-se de Luiz Gonzaga de Souza Lima, mineiro, professor de Ciência Política e por muitos anos exilado na Itália, que escreveu *A refundação do Brasil: rumo à sociedade biocentrada* (São Carlos: Rima, 2011). Sua obra é fruto de uma reflexão detida ao longo de mais de 20 anos, feita a partir do Brasil mesmo, e não de um *status* teórico elaborado fora, nos centros metropolitanos de pensamento.

Seu ponto de partida é o fato brutal, perpetrado pelos europeus que se outorgaram o direito de invadir e se apropriar como senhores do território que aqui encontraram. Dominaram, dizimaram e escravizaram as populações originárias, superexplorando a natureza. Não aportaram por estas bandas para fundar aqui uma sociedade, mas para montar uma grande empresa internacional privada, uma verdadeira agroindústria, destinada a abastecer o mercado mundial. Ela resultou da articulação entre muitas forças: políticas, econômicas, financeiras, intelectuais e religiosas, buscando poder e enriquecimento rápido.

Ocupada a terra, para cá foram trazidas matrizes (a cana-de-açúcar e depois o café), tecnologias modernas para a época, capitais e mão de obra totalmente escrava, no início indígena e depois africana. Estes foram incorporados ao trabalho forçado e excluídos dos benefícios sociais. Com razão afirma Souza Lima: "o resultado foi o surgimento de uma formação social original e desconhecida pela humanidade até aquele momento, criada unicamente para servir à economia; no Brasil nasceu o que se pode chamar de 'formação social empresarial'".

O Estado não existia. Veio de fora e foi imposto de cima para baixo, e sua função se destinava a organizar politicamente um território econômico a serviço da grande empresa Brasil.

Aquilo que não era permitido às vanguardas europeias de fazer em seus países, como ocupar, sem mais nem menos, territórios, escravizar pessoas para a produção, no interesse do lucro, aqui, nas ocupações chamadas colônias, feitorias e capitanias, foi feito sem qualquer entrave. "A formação social empresarial era, na realidade, a Modernidade nascendo [...] um *software* social moderno em *statu nascendi*".

A Modernidade no sentido da utilização da razão produtivista, da vontade de acumulação ilimitada e da exploração sistemática da natureza, da criação de vastas populações excluídas e superexploradas nasceu no Brasil e na América Latina. "O Brasil, nesse sentido, é novo e moderno desde suas origens, observa Souza Lima".

A Europa só pôde fazer a sua revolução, chamada de modernidade, porque foi sustentada pela rapinagem brutal feita nas colônias como no Brasil. Mas este, uma vez independente, não mudou sua formação social empresarial. Foi sempre e habilmente mantido subalterno e incorporado como sócio menor do grande negócio mundial em conluio com os poderes que aqui estavam.

Todos os impulsos de desenvolvimento ocorridos ao longo de nossa história não conseguiram diluir o caráter dependente e associado que resulta da natureza empresarial de nossa conformação social. O Brasil foi e é internacionalizado para abastecer as demandas internacionais por *commodities*.

A empresa Brasil é a categoria-chave, segundo Souza Lima, para se entender a nossa formação histórica e o lugar que nos é assinalado atualmente na divisão mundial do trabalho.

Como o autor vê a superação dos atuais embaraços e a gestação de um outro *software* social que nos seja adequado, que nos desenhe um futuro diferente e que signifique uma efetiva contribuição à fase planetária da história humana? É nessa parte que Souza Lima se mostra altamente criativo; diria mesmo, entusiasta.

Parte de um dado reconhecido por todos e cheio de promessas: a *cultura brasileira*. Ela foi elaborada pelos sobreviventes da grande tribulação histórica, pelos escravos e seus descendentes, pelos indígenas que restaram, pelos mamelucos, pelos filhos e filhas da pobreza e da mestiçagem. Gestaram algo singular, não desejado pelos donos do poder que sempre os desprezaram.

O desafio de uma refundação do Brasil sob outras bases

O que se trata agora é refundar o Brasil como sociedade, "construir, pela primeira vez, uma sociedade humana neste território imenso e belo; é habitá-lo, pela primeira vez, por uma sociedade humana de verdade, o que nunca ocorreu em toda a Era Moderna, desde que o Brasil foi fundado como uma empresa, a partir da qual todos os humanos, nativos e forasteiros, foram organizados em função dela. Fundar uma sociedade é o único objetivo capaz de salvar nosso povo".

O desafio consiste em passar do Brasil como Estado economicamente internacionalizado para o Brasil como sociedade biocentrada: eis a tese central de Souza Lima.

Trata-se de uma refundação. Como afirma belamente: "refundar é construir uma organização social que busque e promova a felicidade, a alegria, a solidariedade, a partilha, a defesa comum, a união na necessidade, o vínculo, o compromisso com a vida de todos". Se bem repararmos, todas as sociedades humanas, enquanto humanas, ao longo de todos os tempos, foram construídas sobre estes valores, e não sobre a ganância egoísta e a falta de solidariedade e de compaixão, como é predominante hoje em nível mundial.

A Modernidade entre nós, bem ou mal, nos ajudou a forjar uma infraestrutura material que nos concede a oportunidade de construir uma biocivilização que ama a vida em todas as suas formas, que convive pacificamente com as diferenças; dotada de incrível capacidade de integrar e de sintetizar, de criar espaços de alegria, de festa, de humor, de espírito lúdico e de religiosidade ecumênica. A felicidade não resulta de coisas e de objetos apropriados, mas do simples viver em sua espontaneidade e na convivência pacífica com todos.

É no contexto da civilização mundial se afundando em suas próprias contradições e perversidades que comparece o Brasil como um nicho gerador de novos sonhos e da possibilidade real de realizá-los em harmonia com a Mãe Terra e com toda a comunidade de vida. Então será a *Terra da Boa Esperança*, no dizer de Ignacy Sachs, que tanto estuda e ama o Brasil.

O livro associa análise minuciosa à síntese criadora, os padecimentos da história à esperança de tempos melhores e representa um cântico de amor ao Brasil e à sua gente.

9

A responsabilidade socioambiental das empresas e a ética

Este tema é de grande complexidade porque envolve o mundo globalizado pelas grandes corporações cuja voracidade por ganhos ilimitados põe em risco a sustentabilidade do Planeta Terra e, no limite, o próprio futuro da biosfera. Em razão da amplitude das questões, estas reflexões possuem valor meramente introdutório.

O Banco de Dados Orbis de 2007 apontou a existência no mundo de cerca de 30 milhões de empresas. Na verdade, vivemos num mundo de empresas e de empresários de todos os tamanhos e dos mais diversos ramos.

Calcula-se que, desse universo, cerca de 500 grandes empresas multilaterais controlam o rumo da economia mundial e definem o destino da maioria dos países. Já analisamos a articulação de um pequeno grupo que controla a grande maioria das empresas e assim influencia econômica, política e culturalmente todo o processo de globalização.

Noam Chomsky, um dos intelectuais mais críticos da cultura norte-americana e de seu caráter imperial, forneceu recentemente os seguintes dados: 20% da população mundial detêm 80% de toda a riqueza da Terra. As três pessoas mais ricas do mundo possuem ativos superiores a toda riqueza de 48 países mais pobres onde vivem 600 milhões de pessoas.

257 pessoas sozinhas acumulam mais riqueza que 2,8 bilhões de pessoas, o que equivale a 45% da humanidade.

O resultado disso é que 860 milhões passam fome e 2,5 bilhões vivem em situação de permanente pobreza. Chomsky tem uma opinião severa sobre as empresas: "As empresas são o que há de mais próximo das instituições totalitárias. Elas não têm que prestar esclarecimento ao público ou à sociedade. Agem como predadoras, tendo como presas as outras empresas. Para se defender, as populações dispõem apenas de um instrumento: o Estado. Mas ele não é um escudo muito eficaz, pois, em geral, está estreitamente ligado aos predadores. Há, no entanto, uma diferença que não se pode negligenciar: enquanto, por exemplo, a General Electric não deve satisfação a ninguém, o Estado deve regularmente se explicar à população" (*Le Monde Diplomatique Brasil*, n. 1, ago./2007: "América rebelde: uma entrevista exclusiva com Noam Chomsky", p. 6).

Por trás destes dados há um mar de sofrimento e de humilhação, condenando as pessoas a morrer antes do tempo, especialmente crianças. Destas, 15 milhões morrem anualmente, antes de completarem 5 anos, por doenças facilmente tratáveis. É a perversa injustiça social.

Todos choramos o terrível acidente da TAM em julho de 2007, no qual morreram cerca de 200 pessoas. Mas cabe lembrar que a cada mês no Brasil, por causa da subnutrição e em consequência das águas maltratadas, morrem cerca de 200 crianças com a idade de 0 a 4 anos. Isso equivale a um Boeing que cai cada mês e dizima esses inocentes. Quem os recorda e os chora além de suas famílias anônimas? São tais fatos que suscitam o problema da responsabilidade social das empresas.

A origem da responsabilidade social das empresas

A preocupação pela responsabilidade social dos empresários possui uma história de mais de um século. Em 1899 o empresário norte-americano Carneggie, fundador do conglomerado *U.S. Steel Corporation*, formulou dois princípios de responsabilidade social:

• Princípio da *caridade*: os membros mais afortunados da sociedade deveriam assistir aos menos afortunados, especialmente os desempregados, os doentes e os idosos.

• Princípio da *custódia*: as empresas e os ricos deveriam ser considerados os guardiães da riqueza da sociedade. Por isso devem ser apoiados e saudados para poderem continuar assistindo aos mais necessitados.

Reconhecemos aqui uma atitude humanitária de compaixão na forma de assistencialismo e de paternalismo não destituída de valor ético. Não obstante, tratava-se de um paternalismo benevolente e de um assistencialismo caridoso que deixava as estruturas empresariais intocadas, que produzem a riqueza dos empresários. Não havia preocupação pela responsabilidade da empresa em si, mas sim dos dirigentes e dos empresários como pessoas.

Conhecido é o trabalho filantrópico de grandes empresas norte-americanas como a Ford, a Rockfeller e a Carneggie.

Mas a ideia foi semeada e nunca desapareceu totalmente. Logicamente, na medida em que se impunha a lógica capitalista da competição e se consolidava a economia de mercado, formando já uma sociedade de mercado, essa ideia da responsabilidade social das empresas se esmoreceu.

Para sobreviver, as empresas se viam obrigadas a voltar ao princípio básico de fazer dinheiro, de maximizar os lucros, abandonando a responsabilidade social na forma de paternalismo, que fazia diminuir os ganhos dos acionistas. É neste contexto que se deve entender o neoliberalismo econômico na expressão de seu ideólogo-mor Milton Friedman: "As empresas deveriam usar seus recursos e sua energia em atividades destinadas a aumentar seus lucros, contanto que obedecessem às regras do jogo e participassem de uma competição aberta e livre sem enganos ou fraudes" (KARKOTLI, G. *Responsabilidade social e empresarial*. Petrópolis: Vozes, 2006, p. 66). Nenhuma palavra se diz sobre a ajuda humanitária aos mais vulneráveis.

Mas as coisas não são assim tão simples. As empresas não vivem nas nuvens. Elas estão inseridas dentro da sociedade nacional e mundial, sofrem os altos e baixos do mercado, estão expostas a crises que elas mesmas não podem controlar. E há o surgimento de uma nova consciência na humanidade: o caráter globalizado do destino humano e as ameaças que pesam sobre todo o sistema da vida, especialmente sobre a espécie humana. Há outros poderes na cena histórica como os meios de comunicação, a opinião pública e os sindicatos organizados. Diante disso se retomou a questão da responsabilidade social das empresas sob novos conceitos.

Por que se superou o assistencialismo e se chegou à responsabilidade social das empresas?

Certamente ela não surgiu da boa vontade dos empresários, mas da pressão que veio de muitos lados. Como elas representam um grande poder, a todo poder se ergue sempre um antipoder ou contrapoder.

Os consumidores, as ONGs ecológicas, a opinião pública e a deteriorização ecológica provocada por elas fez com que fossem pressionadas a assumir responsabilidade social e ambiental. Nisso os próprios meios de comunicação foram decisivos. Também a globalização fez com que a pobreza e a miséria no mundo se tornassem mais visíveis. As empresas não poderiam mais ficar escondidas, causando constrangimento moral a toda a humanidade. Aí surgiu o grito mundial: O que faz o poder econômico mundial para minorar essa situação que ele em grande parte produz?

Logo se confrontaram duas posições clássicas:

1) Ponto de vista estritamente econômico

Conhecida e escandalosa é a frase de Milton Friedman, Prêmio Nobel de Economia: "A responsabilidade social da empresa consiste em maximalizar os ganhos dos acionistas" (*Time*, set./1970). Argumentava-se que os gerentes e os executivos não são proprietários, são administradores, responsáveis diante dos acionistas, dando-lhes mais e mais dividendos. Se estes querem gastar para o bem comum, isto tem como consequência a diminuição do lucro e devem suprir, de alguma forma, essa redistribuição de ativos. Os acionistas perdem. Numa visão empresarial, a perda é inadmissível.

Essa visão estritamente fechada e capitalista era apoiada pelo *mainstream* da economia neoliberal bem representada pelo Presidente Ronald Reagan e pela Primeira-Ministra Margareth Thatcher, que introduziram o famoso e malfadado *Tina* (*There Is No Alternative*): "Não há Alternativa" ao sistema.

Gilson Karkotli, um especialista brasileiro na área, comenta: "Os defensores dessa concepção são chamados fundamentalistas. Para estes, as atividades que não visem ao lucro dos acionistas constituem desvirtuamento da finalidade da empresa e grave erro de seus administradores. Da mesma forma, estão reduzindo o ganho dos patrocinadores do capital e repassando o custo de tais atividades para os consumidores" (*Responsabilidade social e empresarial*. Petrópolis: Vozes, 2006, p. 66).

2) Ponto de vista socioeconômico e ambiental

Esta posição reconhece que não existem apenas as empresas e os acionistas (*stakshars*). Existe o Estado que autoriza o funcionamento das empresas, existem as leis às quais elas têm que se submeter, existem impostos e controles por parte do poder público.

Existe a sociedade onde estão os *stakeholders:* primeiramente os proprietários, os acionistas e em seguida "qualquer ator (pessoa, grupo ou entidade) que tenha uma relação ou interesses (diretos ou indiretos) com ou sobre a organização" (*Responsabilidade social e empresarial.* Petrópolis: Vozes, 2006, p. 17). Levantam-se os sindicatos que pressionam, os meios de comunicação que podem fazer campanhas contra certos produtos e empresas; existem os hábitos culturais dos consumidores, que podem resistir a certas campanhas. Aqui marcam sua presença ativa e crítica os sindicatos, a imprensa, os consumidores e os fornecedores.

As empresas têm poder e devem se responsabilizar por ele, que conhece vários desdobramentos:

• *Poder econômico*: as empresas fazem inversões, estabelecem preços, têm relações com os fornecedores e consumidores, entretêm relações com as bolsas, os mercados e o sistema financeiro. Portanto, nunca estão sozinhas. Tudo isso é poder.

• *Poder tecnológico*: deve-se considerar a tecnologia que as empresas empregam, pois algumas podem significar a liquidação de postos de trabalho, substituídos pela automação e pela informatização. Elas se tornam corresponsáveis por um problema social. Não podem deixar simplesmente que o Estado resolva um problema que criaram. Elas têm que ajudar a buscar alternativas. Há tecnologias que são devastadoras para o meio ambiente, e isso pode afetar a qualidade de vida de toda uma região, em relação ao ar, às águas e às paisagens.

• *Poder político*: as empresas devem levar em consideração as leis que tramitam no Parlamento, as decisões do Banco Central, os níveis de inflação e a flutuação do câmbio. Existem os *lobbies* e as centrais sindicais que gozam de poder político e que podem se articular contra elas.

• *Poder social*: as empresas sempre projetam uma imagem. Esta vale milhões e ganha pontos nas bolsas. Se não cuidarem de sua imagem elas podem perder, sofrer pressões e até ser obrigadas a sair do país.

• *Poder socioambiental*: Como as empresas controlam os impactos ambientais? Como usam e reciclam a água? Como tratam resíduos e que sobrecarga impõem à rede de esgoto? Respeitam a capacidade de suporte do ecossistema local e sua capacidade de regeneração?

As empresas têm poder em todas estas instâncias e, em contrapartida, também sofrem pressões a partir destas instâncias.

A questão é: Que responsabilidade as empresas possuem em todos estes campos e sobre o conjunto da sociedade? Aqui nasce a consciência da responsabilidade social que pode ser definida assim: *A responsabilidade social é a obrigação que a empresa assume de buscar metas que, a meio e longo prazos, sejam boas para ela e também para o conjunto da sociedade na qual está inserida*. Essa obrigação vai além do simples ganho econômico.

A definição dada não deve ser confundida com:

• *Obrigação social*, que significa o cumprimento das obrigações legais e o pagamento dos impostos e dos encargos sociais dos trabalhadores. Isso é simplesmente exigido por lei.

• *Resposta social*: é a capacidade de uma empresa de responder às mudanças ocorridas na economia, seja nacional seja globalizada, na política do Estado, como por exemplo uma eventual mudança de medidas econômicas do governo, uma nova legislação e mudanças no perfil dos consumidores. A resposta social é aquilo que uma empresa tem que fazer para se adequar às mudanças para se habilitar a continuar no campo econômico.

Responsabilidade social vai além de tudo isso. A empresa deve responder a estes quesitos: *O que ela faz*, depois de cumprir com todos os preceitos legais, *para melhorar a sociedade da qual é parte, melhorar a qualidade de vida, melhorar o meio ambiente*? Não é só o que ela faz *para* a comunidade, o que seria filantropia, mas o que ela faz *com* a comunidade, envolvendo seus membros nos projetos elaborados em comum, o que reforça a cidadania e a autonomia das pessoas.

Importa, no entanto, sermos realistas: face à complexidade de uma sociedade de mercado, da economia atual e do próprio dinamismo competitivo das empresas, a ligação entre empresa e bem comum é muito tênue. O crescimento econômico desconectado dos problemas políticos e sociais pode trazer graves desvios, inaceitáveis por afetarem o bem comum.

A busca do lucro não pode ser um fim em si mesmo, mas deve se ordenar a algo maior e mais abrangente. Caso contrário, perde legitimidade. Por isso, a empresa nunca pode perder de vista o bem comum e o interesse geral que freia, de certa maneira, a lógica do tipo de economia que se instaurou como o eixo estruturador de toda a sociedade, como sociedade de mercado, e não apenas sociedade com mercado. Para isso faríamos bem em assumir uma visão mais holística da economia, da política e da ética.

Visão integradora da economia, da política e da ética

A responsabilidade social da empresa supõe uma compreensão mais integradora da vida social. No Ocidente, desde os pensadores gregos da *pólis*, considera-se que a economia, a política e a ética formam um todo orgânico. Esse trio está a serviço do interesse geral e do bem comum. Aristóteles e seus seguidores modernos veem assim a ordem destas instâncias: a economia se submete à política, a política se rege pela ética e a ética se cerca de uma visão humanista-espiritual da história. O resultado ideal é o bem-estar, a justiça e a paz da sociedade.

A economia é, portanto, um subsistema do sistema social maior. Nos primórdios da Modernidade estas instâncias se equilibravam. Mas lentamente, com o processo industrialista e a colonização do mundo a partir da Europa, a economia se independentizou da política e da ética. O comércio tomou conta da história. Como já analisamos anteriormente, passou-se de uma economia de mercado para uma sociedade de mercado, este que conhecemos: privatista, concorrencial, nada cooperativo e desrespeitoso dos limites de suporte da natureza.

Portanto, a economia se constitui a força determinante e articuladora, tanto da política quanto da ética. De tudo ela faz oportunidade de ganho. É aquilo que o economista húngaro-norte-americano Karl Polanyi chama de a *Grande Transformação* (1944), como já analisamos.

Neste contexto é difícil fazer valer a responsabilidade social das empresas, pois seu propósito é a acumulação individual, a busca desenfreada de lucro e a expansão do poder comercial, político e cultural. Mesmo assim, no mundo todo esta responsabilidade está sendo suscitada, apesar de todas as contradições do próprio sistema econômico hoje regido pelo mercado e pelos capitais especulativos. As respostas podem ser insuficientes, mas a busca de uma equação entre desenvolvimento empresarial e bem comum foi definitivamente posta.

De qualquer forma, as empresas que assumem a responsabilidade social geralmente o fazem por meio de *parcerias* com entidades, ONGs, comunidades carentes, projetos populares, centros de pesquisa com interesse social. Outras vezes as parcerias das empresas são feitas com o poder local, estadual ou até federal. Por exemplo, uma parceria entre uma grande empresa e o poder municipal ajuda cooperativas de agroecologia, cujos produtos vão para a merenda escolar, ou em projetos de construção de casas populares, creches e escolas profissionais.

Para as empresas é importante reconhecer e reforçar o *capital social* dos grupos e da população em geral. O povo é portador de saber, de cultura e de experiências acumuladas por gerações e gerações. Esse capital social quase não é valorizado devido ao pensamento único da tecnociência. Empoderando-o, permite que as empresas não caiam no paternalismo fácil. Ao mesmo tempo se dão conta de que com ele aumentam a eficácia de suas ações (KLIKSBERG, B. *Por uma economia com face humana*. Brasília: Unesco, 2003, p 159-164).

A Parceria Poder Público Privado (PPP do governo do PT) visa reforçar essa responsabilidade social em nível federal.

As empresas que assumem essa responsabilidade social são favorecidas pelo Estado, permitindo que sua contribuição financeira (porcentagens estabelecidas em lei sobre o PIB da empresa) possa ser deduzida no Imposto de Renda.

Surgimento do clamor ecológico e da responsabilidade socioambiental

Nos últimos anos, graças à consciência ecológica e aos organismos que acompanham ao estado da Terra, seja da ONU ou de outras grandes instituições mundiais, irrompeu a responsabilidade pelo meio ambiente. O fato maior ocorreu no dia 2 de fevereiro de 2007, quando o organismo da ONU que congrega 2.500 cientistas de mais de 135 países promoveu o Painel Intergovernamental das Mudanças Climáticas (IPCC). Após seis anos de pesquisa deu a público seus resultados. Ficou claro para os analistas que não estamos indo ao encontro do aquecimento global e de profundas mudanças climáticas; já estamos dentro deles. O estado da Terra mudou; o clima vai variar de 1,6 a 6 graus Celsius.

Se forem tomadas medidas coletivas e partilhadas poderá se estabilizar em torno de 2-3 graus. Caso contrário, corre-se o risco, como já o advertiu a Comunidade Científica Norte-americana, de que o aquecimento da Terra possa dar um salto abrupto para 5-6 graus Celsius, o que dizimaria grande parte da biosfera e vitimaria milhões de seres humanos.

Essa mudança, com 90% de certeza, é androgênica, quer dizer, é provocada pelo ser humano, melhor, pelo tipo de produção e consumo que já tem cerca de três séculos de vigência e que hoje foi globalizado. Os gases de efeito estufa, especialmente o dióxido de carbono e o metano, são os principais causadores do aquecimento global.

A cada ano 21 bilhões de toneladas desses gases são lançados na atmosfera. Densificados, resultariam numa montanha de 1,5km de altura por 19km de base. Como a Terra absorve esses dejetos?

Tardiamente, somente a partir dos anos de 1970 demo-nos conta de que a Terra é Gaia, quer dizer, um superorganismo vivo que articula o físico, o químico, o biológico, de tal forma que permite à Terra se autorregular e continuar a produzir e reproduzir todas as formas de vida que conhecemos. Ocorre que a partir dos anos de 1980 Gaia deu mostras de que não está conseguindo se autorregular. Os sintomas são as mudanças climáticas, os tufões, as secas de um lado e as enchentes de outro, como também fenômenos geofísicos extremos. A Terra, para manter seu equilíbrio, poderá sacrificar parte da biosfera, o que seria altamente desastroso para a vida no planeta.

Autores como James Lovelock (*A vingança de Gaia*. Rio de Janeiro: Intrínseca, 2006) preveem que se nada for feito até os anos de 2040 ocorrerá uma catástrofe populacional de grandes proporções. Milhões de pessoas poderão morrer em consequência do novo rearranjo da Terra, seja porque não conseguem se adaptar a ele, seja porque não conseguem minorar os efeitos maléficos dessas mudanças, como: doenças devido à liberação de bactérias, fomes crônicas produzidas pela perda de safras, pela erosão dos solos e pela desertificação que cresce ano após ano numa proporção do tamanho do Estado da Bahia ou de uma França inteira. Os países pobres são as primeiras vítimas.

Esse fato novo deve ser incorporado à consciência e à responsabilidade das empresas. Trata-se de uma responsabilidade socioambiental, e não apenas social. Em que medida elas concorrem para despoluir o planeta, introduzir um novo paradigma de produção, de consumo e de elaboração dos dejetos em consonância com os ritmos da natureza, e não mais sacrificando o capital natural.

Esse é um tema que está sendo discutido em todas as grandes corporações mundiais, especialmente depois do relatório de Nicholas Stern (ex-economista sênior do Banco Mundial) e do documentário do ex-Vice-presidente dos Estados Unidos Al Gore: *Uma verdade incômoda*. Se a partir de agora não se investirem cerca de 450 bilhões de dólares anuais para estabilizar o clima do planeta, nos anos de 2030-2040 será tarde demais e a Terra entrará numa era das grandes dizimações, atingindo pesadamente a espécie humana.

Essas questões ambientais são de tal magnitude que se antepõem à questão da responsabilidade social. Se não garantirmos primeiramente o ambiental – o Planeta Terra com seus ecossistemas – não há como salvar o social e o complexo empresarial mundial.

Problemas em aberto quanto à responsabilidade socioambiental

O primeiro problema com o qual nos deparamos é a lógica interna do sistema de produção mundial. Ele está montado sobre a concorrência, e não sobre a cooperação. A concorrência que conta realmente, nos diz um dos grandes especialistas europeus na área, Philippe de Woot de Louvain (*Responsabilité social de l'entreprise* – Faut-il enchaîner prométhée? Paris: Economica, 2005, p. 21), "é aquela de bens novos, feitos com tecnologias novas, através de novas fontes de elementos ou de energia, mediante novos tipos de organização". Este tipo de concorrência deixa todas as outras formas para trás. O fundamental é a inovação (com a destruição criativa) e a nova tecnologia. A nova forma de concorrência é predadora de outras empresas e é ela que triunfará no futuro.

Há analistas mundiais que se perguntam se o atual modo de produção montado sobre uma superexploração dos bens e serviços naturais, mediante uma excessiva concorrência e com a ausência quase completa da cooperação, acrescida pelo individualismo cultural e pela exaltação da propriedade privada, do consumismo e das privatizações, não tornará a humanidade autossuicida. Ela não estaria criando as condições de seu eventual desaparecimento?

Os riscos apontados serão evitados somente se ocorrer uma Grande Transformação das consciências e das práticas, como explanamos anteriormente. Isso exige vontade política de todos os países do mundo e a colaboração sem exceção de toda rede de empresas transnacionais e nacionais de produção: pequenas, médias e grandes.

Se algumas empresas mundiais se negarem a agir nessa direção poderão anular os esforços de todas as demais. Por isso, a vontade política deve ser coletiva e impositiva, com prioridades bem definidas e com linhas gerais bem claras, assumidas por todos, pequenos e grandes. É uma política de salvação global.

O grande risco residiria na lógica do sistema de produção globalmente articulado. Como já consideramos, seu objetivo é lucrar o mais que pode, no tempo mais curto possível, com a expansão cada vez maior de seu poder, flexibilizando legislações que limitam sua voracidade. Diante das mudanças paradigmáticas as empresas se veem confrontadas com esse dilema:

• Ou se autonegam, mostrando-se solidárias com o futuro da natureza e da humanidade e mudam sua lógica com o risco de irem à falência ou serem absorvidas por outras mais renitentes.

• Ou se autoafirmam em sua busca de lucro, desconsiderando toda compaixão e solidariedade, mesmo passando por cima de montanhas de cadáveres e da Terra devastada. Mesmo com um Titanic afundando continuam fazendo negócios, comprando e vendendo joias.

Neste caso as empresas e o sistema vigente escolheriam o caminho já percorrido pelos dinossauros. Seria um fim trágico. Mas confiamos que a lógica da vida, que sempre quer mais vida, seja mais forte do que a lógica do sistema e a voracidade por lucro das empresas, que é, em último termo, fugaz e ilusória. Não dignifica a vida, antes a ameaça.

O segundo problema reside no mercado financeiro e no capital especulativo que corre nas bolsas. Estes têm pouquíssimo ou nenhum interesse por responsabilidade social e ambiental. Seu objetivo é maximizar os lucros das carteiras e dos portfólios que controlam. São antivida e correm contra a lógica do processo cosmogênico que sempre busca as interdependências e a cooperação de todos com todos. Aqui reina o mais puro e perverso individualismo.

O terceiro problema reside no fato de que a responsabilidade socioambiental tenha ficado quase que exclusivamente ligada aos *stakeholders*, quer dizer, àqueles que estão dentro do círculo da empresa, por qualquer razão que seja.

Ocorre que grande parte da humanidade está fora do circuito econômico capitalista atual. São os chamados "óleo queimado", "zeros econômicos", "humanidade sobrante".

O sistema mundial de produção, distribuição e consumo exclui absolutamente esses 2/3 da humanidade. Isso representa uma impiedade e falta de compaixão que chega às raias da crueldade. Tal desprezo pela condição dos sofredores deste mundo é a demonstração monstruosa do que uma sociedade só de mercado pode produzir em termos de negação de qualquer sentimento ético. Como acusava o Papa Francisco na ilha italiana de Lampedusa, para onde chegam milhares de imigrantes africanos, "criamos a globalização da indiferença e perdemos a capacidade de chorar pelos que sofrem".

Esta questão ética merece algum aprofundamento.

Uma ética da responsabilidade socioambiental a ser construída

Ao assumir uma responsabilidade socioambiental a empresa assume explicitamente uma dimensão ética. Responsabilidade significa responder por seus atos e manter coerência com um sistema de valores que a empresa quer favorecer e viver com referência ao ser humano, à sociedade e ao futuro comum. Aqui a ética é imprescindível para fundamentar suas escolhas e orientar seus comportamentos.

Como viver uma ética dentro de um sistema capitalista que no seu funcionamento nega continuamente valores éticos como a cooperação, a busca do bem comum, o respeito e o cuidado para com a natureza e a Mãe Terra? Ética não pode ser identificada com a obediência às regras do jogo da economia de mercado com sua acirrada competição. Esta repousa sobre a confiança e o respeito às regras estabelecidas, mas sempre na perspectiva da maximização do lucro; portanto, a algo intrassistêmico, desconsiderando o todo social e os impactos sobre a natureza. Efetivamente, se esses elementos do sistema econômico não forem respeitados o sistema como um todo virá abaixo. O respeito às normas é indispensável: transparência, honestidade e veracidade. Há aqui uma certa ética, mas, como enfatizamos, ela é interna ao sistema e não se preocupa com o todo. Ela é absolutamente insuficiente para enfrentar os desafios globais da humanidade e do sistema-Terra.

Max Weber, um autor insuspeitado, no seu conhecido *Economia e sociedade* afirma que a economia capitalista é estruturalmente incompatível com critérios éticos. No seu estilo neutro e não engajado claramente assevera: "O capital é intrinsecamente, pela sua essência, não ético".

Se bastasse, o mundo não estaria tão desorientado como se encontra, sem chegar a convergências coletivas como se depreende dos vários encontros mundiais organizados pela ONU acerca do aquecimento global. A verdadeira questão ética que aí mereceria ser assumida e discutida, e na verdade interessa a todos, é: Que mundo nós queremos construir juntos e qual a nossa responsabilidade socioambiental na implementação desse projeto que salvaguardará a vida e preservará a nossa civilização?

Evidentemente, essa é uma discussão que transcende as empresas e deve mobilizar a todos: os estados, os governos, a sociedade e seus organismos e movimentos, como também a consciência de cada cidadão.

Pessoalmente estimo que nenhuma das éticas vigentes é adequada à nova situação da humanidade em sua fase planetária. Todas elas são tributárias de culturas regionais e não atendem à pluralidade humana. Mais ainda: a crise é tão profunda e estrutural, que dificilmente encontrará uma solução através da política e da técnica. Estas, embora necessárias, estão demasiadamente impregnadas de interesses que as tornam inoperantes para um projeto que inclua toda a humanidade.

Comungo com muitos analistas que sustentam a tese de que somente uma coalizão de forças humanas ao redor de alguns valores os mais universais possíveis e que nasçam da própria natureza social humana seriam capazes de criar um consenso mínimo que representasse uma espécie de contrato social mundial, permitindo à humanidade viver junto na mesma Casa Comum, a Terra. Passamos a analisar alguns desses valores.

Obstáculos para uma ética empresarial do futuro

Uma primeira dificuldade advém do pluralismo cultural e da consequente relativização dos valores. Tal fato torna mais difícil discernir o que é bom e o que é mau ou qual é o mal menor. Além disso, a Pós-modernidade tende a suprimir todas as hierarquias e instaurar uma liberdade pessoal absoluta, desde que se respeite também a liberdade dos outros. As religiões, fonte natural de valores éticos, em grande parte se enrijeceram pelo fundamentalismo e muitas delas se negam a um diálogo com a Modernidade, fechando-se a questões globais como a ecológica e a salvaguarda de nossa civilização.

Para chegarmos ao reino da ética temos que superar a lógica utilitarista que predomina em todos os campos (reino dos meios). Há o mundo daquilo que vale e que não tem preço, como a gratuidade, a solidariedade, a amizade, o perdão e o amor; valores sem os quais a vida perde sentido (reino dos fins).

Se quisermos construir um mundo humano melhor precisamos afirmar valores que valem por si mesmos e desenvolver uma sabedoria que submeta a economia à política (a serviço do bem-estar dos seres humanos em sociedade) e a política à ética (a realização de valores). Esta estabelece os fins nobres e os meios adequados para uma felicidade possível aos humanos. Nós, na verdade, vivemos no mundo dos meios sem termos definido os fins que dão sentido à história. Esse fato é uma das fontes maiores de perpetuação da crise generalizada que assola a humanidade e sem vislumbrarmos uma saída imediata.

Uma refundação da ética

Hoje sentimos a urgência de ter que refundar o discurso ético a partir de bases universalmente compreensíveis por todos ou pela grande maioria.

Antes de mais nada importa resgatar aquele universo no qual repousa a ética e nascem os valores. É o mundo do *coração*, do *afeto* e da *inteligência emocional*. Somos herdeiros da razão grega e do racionalismo moderno. Hoje as ciências do humano tiraram a limpo que a base fundamental do ser humano não é a razão, mas sua capacidade de sentir, de ter afetos e de se comover sem, com isso, pretender invalidar a contribuição imprescindível da razão.

Se não voltarmos a ser sensíveis para com os seres humanos e para com a Terra, senti-la verdadeiramente como Mãe, dificilmente mudaremos nosso padrão de comportamento. Amartya Sen, Prêmio Nobel de Economia, insiste em sua magnífica obra científica *Desenvolvimento como liberdade* (2001) sobre a importância da sensibilidade, tendo sempre em vista o objetivo final da economia: o bem-estar da população (apud KLIKSBERG, B. *Por uma economia com face humana*. Brasília: Unesco, 2003, p. 185).

O filósofo judeu Lévinas viu claro que a ética nasce quando nos confrontamos com o rosto do outro. O rosto não nos deixa indiferentes. Temos que tomar uma atitude de acolhida, de rejeição ou indiferença. Dessa atitude de abertura ou fechamento nasce a responsabilidade que se dá conta das consequências de nossas atitudes e de nossos atos. Temos necessidade de, com responsabilidade, fornecer uma resposta a uma proposta.

Feuerbach, da mesma forma e com razão escreveu: "A ética começa ao ouvir o primeiro grito do sofrimento humano". Não podemos ficar indiferentes ao grito humano. A negacão de socorro nos condena. Como diz Jesus no Evangelho de São Lucas: "Tocamos a flauta e vocês não dançaram; entoamos o canto de luto e vocês não choraram; ele viu o caído na estrada, não o socorreu e seguiu o seu caminho".

Desse sentimento profundo nascem os princípios mais universais e também ancestrais da ética: "Não faças ao outro o que não queres que te façam". Ou: "Trata sempre humanamente os seres humanos". Ou na luminosa formulação de Kant: "Aja de tal forma que a norma de tua ação possa valer universalmente para todos".

Duas formulações de um consenso ético mínimo universal ganharam expressão concreta: a *Carta dos Direitos Humanos* e a *Carta da Terra*. A *Carta dos Direitos Humanos* procura salvaguardar a dignidade sagrada de cada ser humano e garantir as bases para um desenvolvimento humano para todos. A *Carta da Terra* propõe-se garantir a sobrevivência da Casa Comum, desde que alimentemos uma ética do cuidado, da responsabilidade coletiva e da interdependência de todos com todos e com a Terra.

Uma ética do cuidado

A expressão mais direta da ética universal se dá pelo cuidado. Ele é inerente a toda vida. O cuidado nasce do envolvimento afetivo que temos com a realidade. É uma relação amorosa e não destrutiva para com ela. O cuidado é tão fundamental, que existe toda uma tradição filosófica que nos vem dos romanos, passa por Santo Agostinho e que culmina em Martin Heidegger, que vê no cuidado a essência do humano. A razão reside no fato de que o cuidado é a pré-condição para que algo surja e persista no ser; é o condicionador antecipado de toda e qualquer ação responsável para que ela seja construtiva e não destrutiva da vida e da convivência pacífica. Tudo o que fazemos com cuidado é bem-feito, dura mais e confere sossego e proteção à vida.

Esta ética do cuidado é fundamental para a empresa: primeiramente cuidar das relações entre os funcionários, para que sejam amigáveis e colaborativas; cuidar das condições de trabalho, para que as pessoas se sintam bem produzindo; cuidar das técnicas usadas, para que não sejam poluidoras ou prejudiquem a saúde dos operários; cuidar dos produtos, para que preencham os quesitos de qualidade técnica e ecológica. Se houver uma atmosfera de cuidado geral a qualidade da convivência crescerá, produzirá satisfação e será parte do bem viver, que tanto ansiamos para a humanidade.

Talvez hoje seja esta ética do cuidado a mais urgente, pois, como diz acertadamente a *Carta da Terra*: "Se não fizermos uma aliança de cuidado global para com a Terra e uns para com os outros, poderemos assistir à destruição de nossa espécie e a da diversidade da vida" (Prólogo).

Particularmente importante é o cuidado e seu sinônimo, a precaução, na tecnociência e nas inovações que são lançadas no mercado. Se não alimentarmos cuidado não teremos como evitar consequências funestas nem sempre previsíveis, algumas que poderão afetar todo o planeta e prejudicar o sistema-vida, especialmente com a manipulação do genoma humano, a nanotecnologia e a introdução de milhares de elementos químicos sintéticos para os quais o nosso organismo não está preparado.

Num encontro de ética em famosa *Business School* norte-americana um dirigente da Enron foi perguntado o que faria se soubesse que um dos produtos de sua empresa causaria danos. Ele simplesmente respondeu: "Eu continuaria a produzi-lo e a vendê-lo. O meu *job*, enquanto homem de negócios, é garantir o lucro e maximizar os ganhos dos acionistas. Cabe ao Estado intervir caso um produto seja danoso para a população" (FUSARO, P.C. & MILLER, R.M. *What wrong at Enron*? Nova York: John Wiley and Sons, 2002, p. 45).

Aqui vemos a que leva a falta de cuidado em razão da lógica do sistema e a total falta de sensibilidade humana. Não foi sem razão que a Enron foi à falência por falta de ética de seus administradores.

Uma ética da responsabilidade

A ética da responsabilidade não leva em conta somente os comportamentos humanos, mas principalmente as consequências das decisões e dos atos.

Para uma empresa, o primeiro que conta é aquilo que eu chamaria de ética em grau zero: é a integridade; não enganar; não mentir; respeitar as regras do jogo que supõem confiança e boa-fé. Esta é uma ética ainda intrassistêmica, embora insuficiente. A responsabilidade deve incluir os atores econômicos, as dimensões do modelo imperante e a consciência dos eventuais efeitos negativos de certo tipo de processo produtivo sobre o meio ambiente e a saúde humana. Ele salvaguarda a dignidade humana e garante a vida do planeta?

Se a ética começa ouvindo o grito dos que sofrem, cabe aos empresários se perguntarem: Escutam o clamor das multidões que nosso modelo de desenvolvimento, nosso pensamento único, nossa vontade de ganho fazem sofrer? Quanto possível, escutá-los pessoalmente ou dar atenção a seus representantes. Geralmente são os movimentos sociais, as ONGs que cumprem essa função. Empresários éticos dialogam, engajam-se na discussão para ver de que maneira podem evoluir para formas menos destrutivas e mais humanas de convivência.

Uma empresa socialmente responsável deve ter ouvidos para tais questões. Logicamente, não está em suas mãos a solução de todos os problemas, mas sempre pode colaborar de maneira específica. O pior seria a indiferença, pois ela nos faz surdos e cegos aos problemas que vão além da empresa.

O filósofo alemão Hans Jonas escreveu a notável obra *Princípio responsabilidade* (Rio de Janeiro: PUC-Rio 2006). Ele sugere algumas pistas que nos podem ser úteis:

• A primeira é ater-se sempre ao princípio da previsão, da precaução e do cuidado, pois o atual poder da tecnociência é gigantesco e em grande parte incontrolável. Não podemos pôr em risco os princípios básicos da dignidade humana e a vida do Planeta Terra. Ele formula até um imperativo categórico: *"Aja de tal forma que os efeitos de tua ação sejam compatíveis com a permanência de uma vida autenticamente humana e da sobrevivência do Planeta"*. Em função disso pede que não sejamos reféns do curto prazo e pensemos no longo prazo, calculando possíveis ações prejudiciais futuras de nossas decisões atuais.

• Alimentar sempre a *inquietação,* pois é ela que nos desinstala de nossas posições e nos mantém abertos a eventuais deformações de nossas práticas empresariais que poderão impactar a sociedade.

• Que as decisões não sejam tomadas apenas no âmbito dos especialistas, dos laboratórios e das chefias, mas que se democratize a discussão e se ouçam o mais possível outras vozes e os envolvidos. A cidadania exige que não entreguemos a uns poucos o futuro do destino humano. Isso vale especialmente para a biotecnologia e a nanotecnologia.

• Não buscar apenas melhorar o que já é bom, mas procurar abolir ou diminuir o que é intolerável e produz sofrimento.

• Evitar que os riscos não sejam colocados sob o signo da arrogância e da audácia imprudente, mas a serviço de necessidades a serem atendidas ao maior número possível de pessoas.

• Dada a exacerbada aceleração da tecnociência, optar por aquilo que tem consistência e que pode garantir um futuro melhor para a sociedade, e não só para a empresa.

• A ética numa empresa não pode ser algo meramente cosmético, mas uma espécie de cultura, uma atmosfera que se respira e que contamina a todos. Função especial possuem os dirigentes, que devem mostrar coerência entre os valores que proclamam e os comportamentos que adotam.

• Como já dizia o velho Sêneca: "A verdade não se ensina, a verdade se testemunha". Essa verdade testemunhada e vivida é a que convence e arrasta outras pessoas a segui-la e a irradiá-la.

• Como nunca antes na história, a humanidade deve tomar decisões que implicam a sua sobrevivência ou o seu eventual desaparecimento. Por isso precisamos de sabedoria, de prudência e de grande amor. Santo Agostinho afirmava em suas *Confissões* (autobiografia): Nós mudamos por duas razões: ou por amor ou pela dor. Hoje devemos mudar por amor à humanidade e à Terra e pela dor devido à devastação que ambas estão padecendo. Ou mudamos ou poderemos ir ao encontro do imponderável.

Mas alimentamos a esperança de que o instinto de vida nos leve a buscar os caminhos, embora onerosos, de garantir a perpetuidade da vida na Terra. É o ponto mais alto que a evolução alcançou, o supremo dom recebido do Criador.

Referências essenciais

ASHLEY, P.A. *Ética e responsabilidade social nos negócios*. São Paulo: Saraiva, 2002.

BOFF, L. *O cuidado necessário*: na vida, na saúde, na ecologia. Petrópolis: Vozes, 2012.

_____. *Ethos mundial*: um consenso mínimo entre os humanos. Rio de Janeiro: Record, 2009.

_____. *Ética e moral*: em busca dos fundamentos. Petrópolis: Vozes, 2003.

_____. *Ética da vida*. Rio de Janeiro: Sextante, 2002.

_____. *Saber cuidar*: ética do humano, compaixão pela Terra. Petrópolis: Vozes, 1999.

DUARTE, G.D. & DIAS, J.M. *Responsabilidade social* – A empresa hoje. Rio de Janeiro: LTC, 1986.

FRIEDMAN, M. "The Social Responsibility of Business is to Increase its Profits". *New York Time Magazine*, 13/09/1970.

GAIOTTO, F.R. *Da responsabilidade social à ética empresarial*. Florianópolis: UFSC, 2001.

KARKOTLI, G.R. & ARAGÃO, S.D. *Responsabilidade social empresarial*. Petrópolis: Vozes, 2006.

_____. *Responsabilidade social*: uma contribuição à gestão transformadora das organizações. Petrópolis: Vozes, 2004.

KLIKSBERG, B. *Por uma economia com face humana*. Brasília: Unesco, 2003.

JONAS, H. *O princípio responsabilidade*. Rio de Janeiro: PUC-Rio, 2006.

KÜNG, H. *Uma ética global para a política e a economia mundiais*. Petrópolis: Vozes, 2000.

LEISINGER, K. *Ética empresarial* – Responsabilidade global e governança moderna. Petrópolis: Vozes, 1997.

MELO NETO, F.P. & FROES, C. *Responsabilidade social & cidadania empresaria*l. Rio de Janeiro: Qualitymark, 2005.

WOOT, P. *Responsabilité sociale de l'entreprise* – Faut-il enchaîner prométhée? Paris: Economica, 2005.

10

Os povos originários nos ensinam o "bem viver"

Não queremos terminar nossas reflexões, marcadas por uma atmosfera sombria, dadas as desumanidades que uma sociedade de mercado, competitiva e inimiga da vida, produz em todos nós.

Temos que revisitar aqueles povos que guardaram a sabedoria ancestral e que mantiveram uma relação amistosa para com a natureza, fraterna entre os coiguais e aberta aos valores espirituais. Refiro-me especialmente a uma categoria somente, vinda dos povos andinos: o *bien vivir* (*sumak kawsay*).

Na compreensão comum, todo mundo quer viver melhor e desfrutar de uma melhor qualidade de vida. Comumente associa essa qualidade de vida ao Produto Interno Bruto (PIB) de cada país, que representa todas as riquezas materiais que um país produz. Se esse é o critério, então os países melhor colocados são os Estados Unidos, seguidos do Japão, Alemanha, Suécia e outros. Mas o acúmulo de bens materiais, em nenhuma tradição cultural conhecida, foi sinônimo de felicidade e vida digna e decente. Ao contrário, a riqueza introduz uma lógica perversa: quem não tem quer ter; quem tem quer ter mais; quem tem mais diz que nunca é suficiente. E assim se inaugura um círculo vicioso que traz preocupações, medos de perdas e a obsessão de se assegurar por todos os modos.

Nos últimos anos, dado o crescimento da pobreza e da urbanização favelizada do mundo e até por um senso de decência, a ONU introduziu a categoria IDH (Índice de Desenvolvimento Humano). Nele se elencam valores intangíveis como saúde, educação, igualdade social, cuidado para com a natureza, equidade de gênero e outros. Enriqueceu o sentido de "qualidade de vida", que era entendido de forma muito materialista: goza de boa qualidade de vida quem mais e melhor consome. De acordo com o IDH a pequena Cuba está melhor colocada do que os Estados Unidos, embora com um PIB comparativamente ínfimo.

Acima de todos os países está o Butão, espremido entre a China e a Índia, aos pés do Himalaia, muito pobre materialmente, mas que estatuiu oficialmente o *Índice de Felicidade Interna Bruta*. Este não é medido por critérios quantitativos, mas qualitativos, como boa governança das autoridades, equitativa distribuição dos excedentes da agricultura de subsistência, da extração vegetal e da venda de energia para a Índia; boa saúde e educação e especialmente bom nível de cooperação de todos para garantir a paz social.

Nas tradições indígenas de Abya Yala, nome indígena para o nosso Continente Índio-americano, ao invés de "viver melhor" se fala em "bem viver" e "bem conviver". Estas categorias entraram nas constituições da Bolívia e do Equador com o objetivo social a ser perseguido pelo Estado e por toda a sociedade.

O "viver melhor" supõe uma ética do progresso ilimitado e nos incita a uma competição com os outros para criar mais e mais condições para isso. Entretanto, para que uma minoria possa "viver melhor" milhões e milhões têm e tiveram que "viver mal". É a contradição capitalista.

Contrariamente, o "bem viver" andino visa a uma ética da suficiência e da decência para toda a comunidade, e não apenas para o indivíduo. O "bem viver" supõe uma visão holística e integradora do ser humano, inserido na grande comunidade terrenal que inclui, além do ser humano, o ar, a água, os solos, as montanhas, as árvores e os animais. É estar em profunda comunhão com a Pacha Mama (Terra), com as energias do universo e com Deus.

A preocupação central não é acumular. De mais a mais, a Mãe Terra nos fornece tudo que precisamos. Nosso trabalho supre o que ela não nos pode dar ou a ajudamos a produzir o suficiente e decente para todos, também para os animais e as plantas. "Bem viver" é estar em permanente harmonia e em equilíbrio com o todo, celebrando os ritos sagrados que continuamente renovam a conexão cósmica e com Deus.

O "bem viver" nos convida a não consumir mais do que o ecossistema pode suportar, a evitar a produção de resíduos que não podem ser absorvidos com segurança pela natureza e nos incita a reutilizar e reciclar tudo o que tivermos usado. Será um consumo reciclável, sóbrio e frugal. Então não haverá escassez.

Não sabemos que rumos vai tomar a humanidade, submetida a grandes constrangimentos da Terra rebelada e da natureza que nos está dando amargas lições porque não a escutamos e não respeitamos seus ritmos e ciclos. Os povos originários se fazem nossos mestres e doutores. Povos humildes, mas profundamente arraigados ao chão da vida, respeitosos de todos os seres e sintonizados com cada sinal que a natureza dá. Eles nos apontam para um tipo de comportamento e de uma forma de viver que nos poderá devolver alegria de ser e a esperança de que a tragédia que se anuncia se transforme numa crise que nos purifica e nos fará melhores.

SEGUNDA PARTE

Política

1

O calendário da evolução dinâmica nos dá esperança

Esqueçamos por um momento nossa visão normal das coisas e tentemos fazer uma leitura de nossa crise atual nos marcos do tempo cósmico. Talvez assim a entendamos melhor, a relativizemos e ganhemos distância para abrir uma janela para a esperança.

Imaginemos que os mais ou menos 13,7 bilhões de anos de história do universo sejam condensados em um único século. Cada "ano cósmico" seria equivalente a cento e treze milhões de anos terrestres.

Desse ponto de vista, a Terra nasceu no ano 70 do século cósmico e a vida apareceu nos oceanos, para nossa surpresa, logo depois, no ano 73. Durante quase duas décadas cósmicas ela ficou praticamente limitada a bactérias unicelulares.

No ano 93 uma nova fase criativa se iniciou com o aparecimento da reprodução sexual dos organismos vivos. Estes, junto com outras forças, foram responsáveis por mudar a face do planeta, já que eles, com as interações com o meio, com as energias e os demais elementos terrestres transformaram radicalmente a atmosfera, os oceanos, a geologia da Terra. Isso permitiu ao nosso planeta sustentar formas de vida mais complexas. Grande parte da biosfera é criação desses micro-organismos, e não apenas das energias cósmicas e da atmosfera circundante.

Nessa nova fase o processo evolutivo se acelerou rapidamente. Dois anos mais tarde, no ano 95, os primeiros organismos multicelulares apareceram. Um ano mais tarde, em 96, assistimos ao aparecimento de sistemas nervosos, e no ano 97 aos primeiros organismos vertebrados. Os mamíferos aparecerão em meados de 98, ou seja, dois meses depois dos dinossauros, juntamente com uma imensa variedade de plantas.

Há cinco meses cósmicos os asteroides começam a cair sobre a Terra, destruindo muitas espécies, incluindo os dinossauros. Isso ocorreu há 65 milhões de anos. Entretanto, um pouco depois, a Terra, como que se vingando, produziu uma diversidade de vida como nunca antes.

É nessa era que apareceram as flores e nossos ancestrais antropoides entraram no cenário da evolução. É como se o universo intuísse o aparecimento de um ser vivo que seria capaz de suportar a consciência e o espírito, e preparou-lhe um berço para acolhê-lo. Inicialmente esse ser, não maior do que um pequeno coelho, alimentava-se de brotos e de flores.

Logo se tornaram bípedes (há 12 dias cósmicos), e com o *homo habilis* começou a usar ferramentas (há 6 dias cósmicos), enquanto o *homo erectus* conquistou o fogo (há apenas um dia cósmico). Há doze horas cósmicas os humanos modernos (*homo sapiens*) surgiram.

Pela tarde e durante a noite desse primeiro dia cósmico vivíamos em harmonia com a natureza e atentos a seus ritmos e perigos. Até quarenta minutos atrás nossa presença teve pouco impacto sobre a comunidade biótica, momento no qual começamos a domesticar plantas e animais e a desenvolver a agricultura. A partir de então as intervenções na natureza foram se tornando cada vez mais intensas e profundas, até quando, há vinte minutos, começamos a construir e habitar cidades.

Somente há apenas dois minutos o impacto se tornou realmente ameaçador. A Europa se transformou numa sociedade tecnológica e expandiu seu poder pela exploração colonialista. Nessa fase se formou o projeto-mundo, criando um centro com várias periferias. O centro vivia praticamente às expensas das riquezas dessa periferia, cujos ecossistemas foram, em grande parte, devastados, como a nossa Floresta Atlântica, da qual restaram apenas 11% de seu tamanho original. Junto com esta, o processo de colonização e de superexploração criou um fosso entre ricos e pobres que nunca cessou de crescer. Hoje, um pequeno grupo de superpoderosos controla, em benefício próprio, grande parte das riquezas naturais. As grandes maiorias amargam fome, pobreza, doenças e mortes prematuras.

Nos últimos doze segundos (a partir de 1950) o ritmo de exploração e destruição ecológica se acelerou dramaticamente. Nesse breve período de tempo derrubamos quase metade das grandes florestas.

Nos próximos vinte segundos cósmicos a temperatura da Terra subiu 0,5°C e dentro de alguns decênios, se nada de efetivo fizermos, pode chegar até 5°C colocando em risco grande parte da biosfera e milhões de seres humanos.

Nos últimos cinco segundos cósmicos a Terra perdeu uma quantidade de solo equivalente a toda terra cultivável da França e da China e foi inundada por dezenas de milhares de novos produtos químicos sintéticos, muitos dos quais altamente tóxicos, que ameaçam as bases da vida.

Já agora estamos dizimando entre 27 e 100 mil espécies de seres vivos por ano. Nos próximos 7 segundos cósmicos, cientistas estimam que entre 20 a 50% de todas as espécies irão desaparecer.

Por que tanta devastação? Quando isso vai parar?

Respondemos: A pilhagem dos bens e serviços naturais se transformou num projeto de civilização dentro da qual uma pequena porção da humanidade se propôs acumular de forma ilimitada e desfrutar sem qualquer outra consideração, de forma privada, dos "benefícios" desse projeto.

Os 20% mais ricos ganham atualmente duzentas vezes mais do que os 20% mais pobres. No começo de 2008, antes da crise econômico-financeira atual, havia cerca de 1.195 bilionários que detinham juntos 4,4 trilhões de dólares, ou seja, mais ou menos o dobro da renda anual dos 50% mais pobres. Em termos de renda, o 1% mais rico da humanidade recebia o equivalente a tudo o que os 57% mais pobres ganhavam.

Nosso planeta, fruto de mais de quatro bilhões de anos de evolução, está sendo devastado e devorado por uma ínfima minoria humana. Pela primeira vez na história da evolução da humanidade os problemas referidos são principalmente causados por essa minoria e também, em menor proporção, por todos nós na medida em que estamos, querendo ou não, nesse tipo de civilização. Os perigos criados colocam em xeque o futuro de nosso modo de viver.

Entretanto, se por um lado enfatizamos a gravidade da crise, por outro não queremos projetar visões apocalípticas que só nos causariam paralisia e desespero. Se esses problemas foram criados por nós também poderão ser desfeitos por nós, embora alguns já sejam irreversíveis, como as grandes deflorestações e a desertificação de vastas regiões do globo. Não obstante a gravidade da situação global, não esmorece em nós a esperança de solucioná-la satisfatoriamente. Como dizia um poeta alemão: onde grande é o risco, grande também é a chance de salvação.

Efetivamente, quem acompanha e participa dos Fóruns Sociais Mundiais, nos quais os marginalizados desse sistema se reúnem para somar forças de resistência e de transformação, dá-se conta de que há milhares e milhares de pessoas conscientes e criativas, vindas do mundo inteiro, trabalhando na formulação de alternativas práticas que podem permitir à humanidade viver com dignidade e sem afetar a saúde dos ecossistemas e da Mãe Terra.

Temos informações e conhecimentos necessários para solucionar a atual crise. O que nos falta é a ativação da inteligência emocional e cordial, que nos suscitam sonhos salvadores, solidariedade, compaixão, sentimentos de interdependência e de responsabilidade universal.

Importa reconhecer que todas as ameaças que enfrentamos são como que sintomas de uma doença crônica, cultural e espiritual. Ela afeta todos, mas principalmente os 20% que consomem a maior parte da riqueza do mundo. Esta crise nos obriga a pensar num outro paradigma de civilização, porque o atual é demasiadamente destrutivo e inimigo da equidade, da justiça e, por fim, hostil à vida.

Tempos de crise também podem ser tempos de criatividade, tempos em que novas visões e novas oportunidades aparecem. O kanji chinês para crise, *wei-ji*, é o resultado da combinação dos kanjis para *perigo* e para *oportunidade* (representados por uma poderosa lança e por um escudo impenetrável). Isto não é uma simples contradição ou um paradoxo; os perigos reais nos forçam a buscar as causas profundas e a procurar alternativas para não desperdiçar as oportunidades.

A palavra *crise* deriva da palavra sânscrita *kri*, que significa purificar e acrisolar. Portanto, trata-se de um processo, certamente doloroso, mas altamente positivo de purificação de nossas visões e que funciona como um *crisol* de nossas atitudes ético-espirituais. Ambos os sentidos, o chinês e o sânscrito, são iluminadores.

Temos que revisitar as fontes de sabedoria das muitas culturas da humanidade. Algumas são ancestrais e nos chegam pelas mais diversas tradições culturais e espirituais. Fundamental é a categoria do "bem viver" das culturas andinas. Outras são mais modernas, como a ecologia profunda, o feminismo e o ecofeminismo, a psicologia transpessoal e a nova cosmologia, derivada das ciências da complexidade, da astrofísica e dos novos saberes da vida e da Terra.

Termino este capítulo com o testemunho de duas notáveis ecologistas e educadoras norte-americanas, Joann Macy e Molly Joung Brown, que asseveram: "A característica mais extraordinária do atual momento histórico da Terra não é que estejamos a caminho da devastação de nosso planeta, pois já o estamos fazendo há muito tempo; é que estamos começando a acordar, de um sono milenar, para um novo tipo de relação para com a natureza, a vida, a Terra, os outros e para conosco mesmos. Esta nova compreensão tornará possível a tão ansiada "Grande Transformação" (MACY & BROWN. *Nossa vida como Gaia*, 2004, p. 37). E ela virá.

2

Evolução, e não estabilidade, é o estado natural das coisas

Toda mudança de paradigma civilizatório (conjunto de visões, ideias, práticas, organizações, valores e utopias) é precedida de uma revolução da cosmologia (visão do universo e da vida). O conceito de mundo atual surgiu com a extraordinária revolução que Copérnico e Galileu Galilei introduziram ao comprovarem que a Terra não era um centro estável, mas que girava ao redor do sol. Isso gerou enorme crise nas mentes das pessoas e colocou em xeque doutrinas tradicionais da Igreja, pois parecia que tudo perdia valor.

Mas lentamente se impôs a nova cosmologia, que fundamentalmente perdura até hoje nas escolas, nos negócios e na leitura do curso geral de nosso cotidiano. Manteve-se, porém, o antropocentrismo, a ideia de que o ser humano continua sendo o centro de tudo e as coisas só ganham sentido quando destinadas ao uso humano. Não havia a ideia de que elas têm um valor em si mesmas, independentemente do que fazemos delas. Em grande parcela já existiam há milhões e milhões de anos antes do advento do ser humano. Portanto, tinham um sentido que não dependia de nossa presença tardia.

Se a Terra não é estável – pensava-se – o universo, pelo menos, é estável. Seria como uma incomensurável bolha dentro da qual se moveriam os astros celestes e todas as demais coisas.

Eis que essa cosmologia começou a ser superada quando, em 1924, o astrônomo amador norte-americano Hubble comprovou que o universo não é estável. Constatou que todas as galáxias, bem como todos os corpos celestes, estão em rota de fuga, afastando-se uns dos outros. O universo, portanto, não é estacionário como, ainda no início, acreditava Einstein. Está se expandindo em todas as direções. *Seu estado natural é a evolução, e não a estabilidade.*

Esta constatação sugere que tudo tenha começado a partir de um ponto extremamente denso de matéria e de energia que, de repente, explodiu (*Big-Bang*), dando origem ao atual universo em expansão. Isso foi proposto em 1927 pelo padre belga, o astrônomo George Lemaître (1894-1966), o que foi considerado esclarecedor, tendo sido aprovado por Einstein e assumido como teoria padrão.

Em 1965, Penzias e Wilson demonstraram que de todas as partes do universo nos chega uma radiação de fundo, mínima, três graus Kelvin, que seria o derradeiro eco da explosão inicial. Analisando o espectro da luz das estrelas mais distantes, a comunidade científica concluiu que esta explosão, na verdade silenciosa, pois não havia espaço e tempo para ecoar, uma incomensurável vibração energética, teria ocorrido há 13,7 bilhões de anos. Eis a idade do universo e a nossa própria, pois um dia estávamos, virtualmente, todos juntos lá naquele ínfimo ponto flamejante.

Ao expandir-se, o universo se auto-organiza, se autocria e gera complexidades cada vez maiores e ordens cada vez mais complexas. É convicção de grande parte dos cientistas que, alcançado certo grau de complexidade, em qualquer parte do universo, a vida tenha emergido como imperativo cósmico, como também a consciência e a inteligência. Todos nós, nossa capacidade de amar e de inventar, não estamos fora da dinâmica geral do universo em cosmogênese. Somos emergências de sua criatividade interna, e assim fazemos parte desse imenso todo em movimento.

Uma Energia de Fundo insondável e sem margens, chamado de Vácuo Quântico – um abismo alimentador de tudo –, sustenta e perpassa todas as coisas ativando as energias, sem as quais nada existe do que existe. Ela é anterior a tudo. Sua natureza é misteriosa, inominável, impensável. Dela irrompeu aquele pontozinho minúsculo, que, uma vez explodido, deu origem a tudo o que existe em nosso universo.

Nada impede que essa Energia de Fundo tenha dado origem a outros pontos de matéria, energia e informação, fazendo existir outros mundos paralelos, quem sabe, com outras leis e outras formas de ordenação das coisas.

A partir dessa nova cosmologia, nossa vida, a Terra e todos os seres, nossas instituições, a ciência e a técnica, a educação, as artes, as filosofias e religiões, inclusive o cristianismo, devem ser ressignificados. Tudo e tudo são emergências deste universo em evolução, dependem de suas condições iniciais e devem ser compreendidos no interior desse universo vivo, inteligente, auto-organizativo e ascendente rumo a ordens ainda mais altas. Onde termina? Não sabemos.

Essa revolução não provocou ainda uma crise semelhante à do século XVI, pois não penetrou suficientemente nas mentes da maioria da humanidade, nem dos intelectuais e de outros que saem das universidades, muito menos dos empresários e dos governantes. Mas ela está presente nos grandes cientistas e no pensamento ecológico, sistêmico, holístico e em muitos educadores, fundando o paradigma da nova era, o ecozoico. Quer dizer, a era em que tudo se coloca em relação com tudo, todos são vistos como interconectados e interdependentes, e todos os saberes são saberes de pontos de vista desse todo e que também devem se relacionar entre si.

Por que é urgente que se incorpore essa revolução paradigmática? Porque é ela que nos fornecerá a base teórica necessária para resolvermos os atuais problemas do sistema-Terra em processo acelerado de degradação. Ela nos permite ver nossa interdependência e mutualidade/reciprocidade com todos os seres. Formamos, junto com a Terra viva, a grande comunidade cósmica e vital. Somos a expressão consciente do processo cósmico global e responsáveis por esse pedaço dele, a Terra, sem a qual tudo o que estamos dizendo seria impossível.

Pelo fato de não nos sentirmos parte da Terra, deixamos de cuidar dela, da variedade inimaginável de seus seres vivos e inertes, dos ecossistemas e das paisagens. Ao contrário, nós a agredimos de mil modos, tirando-lhe o equilíbrio de todos os fatores que a compõem. Outras vezes a devastamos e destruímos elos importantes da rede da vida. Mostramos que podemos ser ecocidas e geocidas.

O futuro do século XXI, de nossas instituições, de nossas vidas e de nossa civilização dependerá da assunção ou não dessa nova cosmologia. Mas não basta conhecê-la. Importa mudarmos de comportamento e de hábitos, alinhando-nos ao rumo de nossas ações, consoante o seu ritmo e seus movimentos.

Como estamos profundamente imersos numa profunda crise de sentido e de orientação, talvez ela nos poderá inspirar novas visões e novas utopias, geradoras de criatividade e de caminhos salvadores.

3

Articular o contrato natural com o contrato social

Desde que os seres humanos decidiram viver juntos estabeleceram um contrato social não escrito, pelo qual formularam normas, proibições e propósitos comuns que permitissem uma convivência minimamente pacífica.

Quando as sociedades históricas se tornaram mais complexas e os interesses ganhavam níveis elevados de conflitividade sentiu-se a necessidade de se elaborar explicitamente um contrato social. Grandes pensadores deram-lhe um estatuto formal, como Thomas Hobbes (1558-1670), John Locke (1632-1704), Immanuel Kant (1724-1804) e Jean-Jacques Rousseau (1712-1778).

Todos esses contratos sociais históricos têm um defeito: são antropocêntricos; somente levam em consideração o ser humano social, composto por indivíduos isolados e acósmicos, sem qualquer ligação com a natureza e a Terra. Parece que não pisam o solo, não comem, não bebem, não habitam a Terra.

Os contratos sociais ignoram e silenciam totalmente esse dado natural que constitui o contrato natural. Como abordaremos a seguir, o contrato natural é a relação de mutualidade e de reciprocidade existente entre os seres humanos e a natureza circundante e a Terra como totalidade (SERRES, M. *O contrato natural*, 1991).

Vigora uma reciprocidade entre Terra e seres humanos. Ela é natural e espontânea. Não precisa ser formulada por escrito porque o ser humano se sente parte e parcela da natureza e participa de seus ritmos e ciclos.

Ora, esse contrato natural foi totalmente esquecido na Modernidade. A partir dos pais fundadores da Modernidade, Descartes, Bacon e Galilei, implantou-se a ilusão de que o ser humano estaria acima e fora da natureza com o propósito de domínio e de posse para fazer dela o que quisesse. Liquidou-se a relação de reciprocidade, e assim rasgou-se o contrato natural.

Esse projeto perpetua nos dias atuais pela guerra de conquista, seguida pela apropriação de todos os recursos e serviços naturais. Atrás disso sempre fica um rastro de devastação da natureza e de desumanização brutal. Antes se fazia guerra e apropriação de regiões ou povos. Hoje se conquistaram todos os espaços e se conduz uma guerra total e sem tréguas contra a Terra, seus bens e serviços, explorando-os até a sua exaustão nos solos, no subsolo, no mar, no ar e onde se apresentarem possibilidades de enriquecimento. A pobre Terra não conhece mais descanso, refúgio ou espaço de recuo nem lhe reservam tempo para repor o que dela foi tirado.

A agressão é global e a reação da Terra-Gaia está sendo também global. A resposta é o complexo de crises, reunidas no devastador aquecimento global, que se expressa por eventos extremos, tufões, tsunamis, enchentes, estiagens prolongadas, desertificação crescente e erosão célere da biodiversidade. É a vingança de Gaia (cf. Lovelock).

Não temos outra saída senão reintroduzir consciente e rapidamente o que havíamos deixado para trás: o contrato natural articulado com o contrato social. Trata-se de superar nosso arrogante antropocentrismo e colocar todas as coisas em seu lugar, isto é, nós junto delas como parte de um todo.

O contrato natural supõe o reconhecimento pelo ser humano de que ele está inserido na natureza, de quem tudo recebe, que deve comportar-se como filho e filha da Mãe Terra, restituindo-lhe cuidado e proteção para que ela continue fazendo o que sempre faz: dar-nos vida e os meios da vida. O contrato natural, como todos os contratos, supõe a reciprocidade. A natureza nos dá tudo o que precisamos e nós, em contrapartida, a respeitaríamos e reconheceríamos seu direito de existir e lhe preservaríamos a integridade e a vitalidade.

Ao contrato exclusivamente social devemos agregar agora o contrato natural de reciprocidade e simbiose. Renunciamos a dominar e a possuir e nos irmanamos com todas as coisas. Não as usamos irresponsavelmente, mas, ao usá-las, quando precisamos, as contemplamos, admiramos sua beleza e organicidade, cuidando delas. A natureza é o nosso hospedeiro generoso e nós seus hóspedes agradecidos. Ao invés de uma trégua nessa guerra sem fim, estabelecemos uma paz perene com a natureza e a Terra.

Os povos originários vivem essa reciprocidade. Por exemplo, quando entram na floresta, pedem licença à natureza, às plantas e aos animais. Quando devem derrubar uma árvore fazem todo um rito de desculpa, pois precisam cortá-la para construir uma canoa, fazer um remo ou algum utensílio caseiro. E depois replantam em seu lugar outras árvores. Aqui se dá a perfeita mutualidade. Recebem gratuitamente e retribuem agradecidos.

A crise econômica de 1929 sequer punha em questão a natureza e a Terra. O pressuposto ilusório era de que elas estão sempre aí, disponíveis e com recursos infindos. Hoje a situação mudou. Já não podemos dar por descartada a Terra com seus bens e serviços. Estes se mostraram finitos e a capacidade de sua reposição já foi ultrapassada em 30%. Sentimos em todos os campos os limites da Terra. Se não respeitarmos essas fronteiras e não fizermos o encontro dos dois contratos, o natural com o social, iremos degradando mais e mais o capital natural que herdamos.

Quando esse fator é trazido ao debate na busca de soluções para a crise atual? Somos dominados por economistas, em sua grande maioria, verdadeiros idiotas especializados (*Fachidioten*) que não veem senão números, mercados e moedas, esquecendo que comem, bebem, respiram e pisam solos contaminados. Quer dizer que só podem fazer o que fazem porque estão inseridos na natureza que lhes possibilita fazer tudo o que fazem. Até lhes mantém as bases para suas razões e o seu egoísmo, inclusive as barbaridades que a atual economia perpetra, ameaçando as bases que sustentam a vida no planeta.

Ou restabelecemos a reciprocidade entre natureza e ser humano e rearticulamos o contrato social com o natural ou teremos de aceitar, como o adverte em seu preâmbulo a *Carta da Terra*, o risco de sermos expulsos e eliminados por Gaia.

Faz-se imperioso tirar lições do aprendizado a partir do sofrimento que a Terra está nos impondo e usar sabiamente o pouco de bom-senso que ainda nos resta.

4

O constitucionalismo ecológico: o exemplo da América Latina

Acabamos de referir no capítulo anterior que as modernas constituições se fundam sobre o contrato social de cunho antropocêntrico. Não incluem o contrato natural, que é o acordo e a reciprocidade que devem existir entre os seres humanos e a Terra viva que tudo nos dá e que nós, em retribuição, deveríamos cuidar dela e preservá-la.

Em razão disso seria natural reconhecer que ela e os seres que a compõem seriam detentores de direitos. Os grandes contratualistas como Kant e Hobbes restringiram, no entanto, a ética e o direito apenas às relações entre os humanos. Somente se admitiam obrigações humanas para com os demais seres, especialmente os animais, no sentido de não destruí-los ou submetê-los a sofrimentos e crueldades desnecessários. Não os consideravam em si mesmos, apenas nossas atitudes em relação a eles.

A desconsideração de que cada ser possui valor intrínseco, independentemente de seu uso humano, uso racional, e que é portador do direito de existir dentro do mesmo habitat comum – o Planeta Terra –, abriu caminho para que a natureza fosse tratada como mero objeto, sem espírito e sem propósito, disponível a ser explorada sem qualquer consideração, em alguns casos até à sua exaustão.

Coube, entretanto, à América Latina, como o mostrou um notável criminalista e juiz da Corte Suprema da Argentina, Eugenio Raúl Zaffaroni (*La Pachamama y el Humano*. Buenos Aires: Colihue, 2012), desenvolver um pensamento constitucionalista de natureza ecológica no qual a Terra e todos os seres da natureza, particularmente os vivos e os animais, são titulares de direitos.

Estes devem ser incluídos nas constituições modernas, deixando para trás nosso arraigado antropocentrismo e o paradigma do *dominus*, do ser humano como *senhor* e *dominador* da natureza e da Terra.

Os novos constitucionalistas latino-americanos ligam duas correntes: a mais ancestral dos povos originários para os quais a Terra (Pacha) é mãe (Mama) – daí o nome de Pacha Mama –, sendo titular de direitos porque é viva, nos dá tudo o que precisamos, e também por sermos parte dela, bem como os animais, as florestas, as águas, as montanhas e as paisagens. Todos merecem existir e conviver conosco, constituindo a grande democracia comunitária e cósmica.

Aliam essa ancestral tradição da cultura andina, que se estende da Patagônia ao México, à nova compreensão derivada da cosmologia contemporânea, da biologia genética e molecular, da Teoria dos Sistemas e da complexidade. Assume-se a Terra como um superorganismo vivo que se autorregula (MATURANA & VARELA. *Autopoiesis*), de forma a manter sempre a vida e a capacidade de reproduzi-la e fazê-la coevoluir.

Esta Terra, denominada Gaia, engloba todos os seres, gera e sustenta a teia da vida em sua incomensurável diversidade. Ela, como mãe generosa, deve ser respeitada, reconhecida em suas virtualidades e em seus limites, e por isso acolhida como sujeito de direitos – a *dignitas Terrae* –, base para possibilitar e sustentar todos os demais direitos pessoais e sociais.

Dois países latino-americanos, o Equador e a Bolívia, fundaram um verdadeiro constitucionalismo ecológico; por isso estão à frente de qualquer outro país dito "desenvolvido".

A Constituição de Montecristi da República do Equador, de 2008, diz explicitamente em seu preâmbulo: "Celebramos a natureza, a Pacha Mama, da qual somos parte e que é vital para nossa existência". Em seguida enfatiza que a República se propõe a construir "uma nova forma de convivência cidadã, em diversidade e em harmonia com a natureza, para alcançar o *bien vivir*, o *sumac kawsay* (o viver pleno).

O artigo 71 do capítulo VII diz: "A natureza ou a Pachamama, donde se reproduz e se realiza a vida, tem direito a que se respeite integralmente sua existência, a manutenção e regeneração de seus ciclos vitais, estrutura, funções e processos evolutivos; toda pessoa, comunidade, povo ou nacionalidade poderá exigir da autoridade pública o cumprimento dos direitos da natureza [...]. O Estado incentivará as pessoas naturais e jurídicas, e aos coletivos, para que protejam a natureza, e promoverá o respeito a todos os elementos que formam um ecossistema".

Comovedoras são as palavras do preâmbulo da Constituição Política do Estado Multinacional Boliviano, aprovada em 2009: "Cumprindo o mandato de nossos povos, com a fortaleza de nossa Pacha Mama e graças a Deus, refundamos a Bolívia".

Seu artigo 33 prescreve: "As pessoas têm direito a um meio ambiente saudável, protegido e equilibrado. O exercício desse direito deve permitir aos indivíduos e às coletividades das presentes e futuras gerações, incluídos outros seres vivos, a desenvolverem-se de maneira normal e permanente".

O artigo 34 dispõe: "Qualquer pessoa, a título individual ou em representação de uma coletividade, está facultada a exercer ações legais em defesa do meio ambiente".

Aqui temos um verdadeiro constitucionalismo ecológico que ganhou corpo e letra nas respectivas constituições. Tais visões são antecipatórias daquilo que deverá ser para todas as constituições futuras da humanidade. Somente com tal mente e disposição garantiremos que haverá uma paz perene entre a humanidade e a Pacha Mama, a Mãe Terra.

5

A exigência de rever e de reinventar conceitos

Muitos nutrem a convicção de que a gravidade do conjunto de crises que assola a humanidade está nos obrigando a repensar a nossa relação para com a Terra e com os modos de produção e consumo, a reinventar uma forma de governança global plural e inclusiva e uma convivência que envolva todos na única e mesma Casa Comum. Para isso é forçoso rever conceitos-chave que, como bússola, possam nos apontar um novo norte.

Boa parte da crise atual se deriva de premissas falsas que, se a um tempo beneficiaram as elites dominantes, posteriormente mostraram os custos de tais benefícios, que foi a criação de pobreza e miséria em grande parte da humanidade. Hoje a crise alcançou as próprias elites, que veem grande parte de suas fortunas se transformarem em pó. A antiga bonança de que gozavam definitivamente é passado. O aquecimento global, os desastres naturais, os terremotos e outros eventos extremos não poupam ninguém.

O primeiro conceito a rever é o de *desenvolvimento*. Na prática ele se identifica com o crescimento material, expresso pelo PIB. Sua dinâmica é ser o maior possível, o que implica exploração desapiedada da natureza e a geração de grandes desigualdades nacionais e mundiais. Importa abandonar essa compreensão quantitativa e assumir a qualitativa, esta sim como desenvolvimento, bem definido por Amartya Sen (Prêmio Nobel) como "o processo de expansão das liberdades substantivas", vale dizer, a ampliação das oportunidades de propiciar que a própria vida tenha sua autonomia e viver um sentido que valha a pena. O crescimento é imprescindível, pois é da lógica de todo ser vivo crescer, mas só é bom a partir das interdependências das redes da vida, que garantem a biodiversidade. Mas todo crescimento possui limites. Uma árvore, por exemplo, não pode crescer infinitamente na direção do céu. Chega um ponto que é a sua medida de crescimento. Isso vale para todos os organismos vivos e também para cada ser humano.

Em vez de crescimento/desenvolvimento deveríamos pensar numa *redistribuição equitativa* do que já foi acumulado. Haveria prosperidade para todos e o espectro da miséria e da pobreza teria desaparecido.

O segundo é o manipulado conceito de *sustentabilidade* que, no sistema vigente, é inalcançável. A sustentabilidade, que será tratada especificamente mais adiante, é toda atividade e toda iniciativa que permitem à natureza – os ecossistemas, cada um dos seres, a própria Terra – poder se manter, reproduzir e gerar o sustento das presentes e futuras gerações, garantindo a reprodução e o enriquecimento do "capital" natural, necessário para a continuidade da vida e para a vida das futuras gerações. Assim compreendida, quase nenhuma instância ou empresa é sustentável, pois dentro do estilo de sociedade de mercado livre e concorrencial criam-se sempre conflitos, exploração excessiva da natureza e a criação de desigualdades sociais.

Se respeitássemos os direitos da Mãe Terra e da natureza, como foram aprovados pela ONU, não precisaríamos nos preocupar com a sustentabilidade. Por esses direitos teríamos garantido a sustentabilidade de todos os sistemas vivos e de nossas sociedades. Haveria uma natural conformação à lógica da vida, que interconecta todos os fatores para permitir que todos os seres e organismos possam continuar existindo.

O terceiro é o de *meio ambiente*. Este não existe; o que existe é o ambiente inteiro, no qual todos os seres convivem e se interconectam. Em vez de meio ambiente faríamos melhor usar a expressão – cunhada pela *Carta da Terra – comunidade de vida*. Todos os seres vivos possuem o mesmo código genético de base; por isso vigora um laço de parentesco entre todos: uma real comunidade vital. Este olhar nos levaria a ter respeito por todos os seres, pois eles seriam considerados nossos irmãos e irmãs, primos e primas, com valor em si mesmos, para além do uso que os humanos fizerem e fazem deles.

O quarto conceito é o de *Terra*. Importa superar a visão pobre da Modernidade, que a vê apenas como realidade extensa e sem inteligência. A ciência contemporânea mostrou – e isso já foi incorporado até nos manuais de ecologia – que a Terra não só tem vida sobre ela, mas é viva: um superorganismo, Gaia, que articula todos os elementos necessários para a manutenção e reprodução da vida. Em 22 de abril de 2009 a ONU aprovou a denominação *Mãe Terra*. Esse novo olhar nos leva a redefinir nossa relação para com ela; não mais de exploração, mas de uso racional e respeitoso. Mãe a gente não vende nem compra; respeita e ama. Assim deve ser nossa relação para com Terra.

O quinto conceito é o de *ser humano*. Este foi, na Modernidade, pensado como desligado, fora e acima da natureza, fazendo-o "mestre e senhor" dela (Descartes). Hoje o ser humano está se inserindo na natureza e no universo. Ele emerge como aquela porção da Terra que sente, pensa, ama e venera. Essa perspectiva nos leva a assumir a responsabilidade pelo destino da Mãe Terra e de seus filhos e filhas, sentindo-nos cuidadores e guardiães desse belo, pequeno e ameaçado planeta.

O sexto conceito é o de *ética*. As éticas vigentes são enraizadas nas culturas regionais, e por isso dificilmente possuem uma vigência universal. A ética dominante é utilitarista. Ela se deriva do tipo de sociedade que temos, sociedade cujo núcleo definidor é a economia de mercado concorrencial, pouco respeitador dos ritmos e ciclos da natureza e produtor de grandes desigualdades sociais. Numa sociedade predominantemente de mercado não é o bem comum que conta, mas o bem particular. Os interesses individuais ou corporativos se sobrepõem ao bem geral e comum de todos os cidadãos.

Por isso, dificilmente se poderá falar em ética dentro do sistema do capital, pois na sua forma de mercantilização de todas as coisas, até as mais sagradas como a vida, os órgãos, as águas e as sementes, entre outras coisas, só possuem valor de troca, e não um valor em si mesmo. É o sinal da "corrupção geral e da venalidade universal [...]; coisas que eram dadas, mas jamais vendidas; adquiridas, mas jamais compradas como a virtude, o amor, a opinião, a ciência e a consciência; tudo passou para o mercado" – como dizia Marx, em 1847, em *Miséria da filosofia* – ou operou-se *A Grande Transformação*, como a caracteriza Polanyi: esta passagem de uma economia de mercado para uma sociedade estritamente de mercado.

Precisamos resgatar o sentido originário de *ética*. Vem de *ethos* em grego, que significa morada humana. Não como mero edifício com fundamento, paredes e teto. Mas morada como realidade existencial, o lugar onde o ser humano se refugia, cria o seu habitat, sente-se protegido e alimenta a sensação de "estar em casa". A forma como organizamos a morada, a antessala, a sala de visitas, a sala de estar, a sala de jantar, a cozinha, a dispensa, os quartos, o jardim e as relações de vizinhança... Tudo isso constituía a ética. Hoje a casa não é mais a nossa casa, mas o planeta inteiro, como Casa Comum. A forma como o habitamos, cuidamos, organizamos de tal forma que todos possam caber nele; não apenas os humanos, mas também toda a comunidade de vida, além dos rios, os lagos, os oceanos, as montanhas, as paisagens e as miríades de micro-organismos, dos quais depende nossa própria vida. Tudo isso constitui o conteúdo da ética.

Este novo *ethos* funda uma ética do cuidado de todas as coisas, da cooperação entre todos e da responsabilidade universal pelo futuro comum da Terra e da humanidade. Essa ética está aberta à manutenção de Gaia, acolhe todos os seres humanos, cuida da biodiversidade, organiza a economia, a política e o mundo dos valores, de tal forma que torna a vida leve e feliz, ou onerosa, sacrificada e ameaçada de morte. Estas são as grandes questões que uma ética planetária, fundada no *ethos* (Casa Comum) deve responder adequada e eficazmente.

Por fim, outro tema que deve ser resgatado é o da *espiritualidade*. Esta foi encantonada nas religiões, quando é a dimensão do profundo humano universal, com o mesmo direito de cidadania, como a inteligência, a vontade, a libido e outras dimensões. Espiritualidade surge quando a consciência se apercebe como parte do Todo e intui cada ser e o inteiro universo sustentados e penetrados por uma Energia poderosa e amorosa; aquele Abismo de energia, gerador de todo o ser que os cosmólogos modernos chamam de Vácuo Quântico, anterior à formação daquele pontozinho, densíssimo de energia e de matéria, que depois explodiu (*Big-Bang*).

É dado aos seres humanos captar o Elo misterioso que liga e re-liga todas as coisas, constituindo um cosmos, e não um caos. A espiritualidade nos confere um sentimento de veneração pela *grandeur* do universo e nos enche de autoestima para podermos admirar, gozar e celebrar todas as coisas.

As religiões ousaram nomear essa Energia de fundo, chamando-a de mil nomes, como Tao, Shiva, Ala, Javé, Olorum ou simplesmente Deus. A especificidade do ser humano consiste em poder entrar em relação com esta suprema Realidade, a partir de um sentimento profundo e oceânico de seu coração. Sente-se habitado por esta Energia que lhe instiga a consciência a fazer o bem para si e para os outros e lhe permite perceber um Todo complexo e único, carregado de sentido e de propósito.

Essa espiritualidade possui sua base biológica nos neurônios do lobo frontal do cérebro. Sempre que alguém, de forma existencial, deixa-se envolver pelo Sagrado das coisas, por um Sentido maior que permeia todos os sentidos particulares, por realidades que têm a ver com o Mistério ou com Deus, tais neurônios conhecem um crescimento de sua vibração para além da normalidade. Os neurocientistas e neurolinguistas chamaram a este fenômeno de "Ponto Deus" no cérebro. Assim como o ser humano possui sentidos exteriores pelos quais capta a realidade circundante, possui interiormente um sentido pelo qual capta a presença do Sagrado e de Deus perpassando todas as coisas.

É uma vantagem evolutiva dos seres humanos, como seres espirituais, capazes de colocarem perguntas radicais sobre o sentido da vida, do universo e daquela Energia que tudo permeia e sustenta. Alimentar esta dimensão, "Ponto Deus", cultivar a espiritualidade, torna as pessoas mais humanas, sensíveis, amorosas, solidárias e compassivas.

Dessa espiritualidade sentimos falta para enfrentar com sucesso a travessia que as transformações nos obrigam fazer, a travessia para uma outra forma de viver neste nosso Planeta Terra.

Temos que mudar muito ainda para que tudo isso se torne um dado da consciência coletiva! Mas é o que deve ser. E o que deve ser tem força de realização.

6

O cuidado como um novo paradigma nas relações

Hoje as discussões em torno do desenvolvimento sustentável – um dos temas centrais dos encontros internacionais organizados pela ONU e pelos países industrializados e opulentos – sequestraram a categoria de sustentabilidade. Esta não se reduz ao desenvolvimento existente que possui uma lógica contrária a ela. Enquanto o desenvolvimento se rege pela linearidade, pelo crescimento ilimitado que implica exploração da natureza e criação de profundas desigualdades, a sustentabilidade é circular, envolve todos os seres com relações de interdependência e de inclusão, de sorte que todos podem e devem conviver e coevoluir.

Sustentável é uma realidade que consegue se manter, se reproduzir, conservar-se à altura dos desafios do ambiente e estar sempre bem. E isso resulta do conjunto das relações de interdependência que entretém com todos os demais seres e com seus respectivos habitats. A sustentabilidade funda um paradigma que deve se realizar em todos os âmbitos do real: no Planeta Terra, na sociedade, na política, no desenvolvimento e na educação.

Para que a sustentabilidade realmente ocorra, especialmente quando entra o fator humano, capaz de intervir nos processos naturais, não basta o funcionamento mecânico dos processos de interdependência e inclusão. Faz-se mister uma outra realidade a se compor com a sustentabilidade: o cuidado. Se não organizarmos os processos com cuidado, eles não garantem a sustentabilidade. O cuidado também funda um novo paradigma de relacionamento com a natureza, com as pessoas e com todas as coisas.

A razão disso reside, primeiramente, no fato de que o cuidado constitui uma constante cosmológica. Se as energias originárias e os elementos primeiros, subatômicos (bóson de Higgs, topquars, elétrons etc.), não fossem regidos por um sutilíssimo cuidado para que tudo mantivesse a sua devida proporção, o universo não teria surgido e nós não estaríamos aqui escrevendo sobre o cuidado.

Se a força da gravidade fosse um pouco mais fraca, impediria a condensação dos gases e a formação das grandes estrelas vermelhas, e daí dos elementos que compõem a vida. Se fosse um pouco mais forte, tudo se voltaria sobre si mesmo em explosões sem fim. E não teria surgido o universo, o Sol e a Terra.

Num nível existencial e antropológico podemos dizer que nós mesmos somos filhos e filhas do cuidado. Se nossas mães, ao nascermos, não nos tivessem acolhido com infinito cuidado, não teríamos como descer do berço e ir buscar o nosso alimento. O cuidado é aquela condição prévia que permite um ser vir à existência. É o orientador antecipado de nossas ações, para que sejam construtivas e não destrutivas.

Em tudo o que fazemos entra o cuidado. Cuidamos do que amamos, amamos do que cuidamos. Hoje, pelos conhecimentos que possuímos acerca dos riscos que pesam sobre a Terra e a vida, se não cuidarmos surge a ameaça de nosso desaparecimento como espécie, enquanto que a Terra, empobrecida, seguirá, pelos séculos afora, seu curso pelo cosmos.

Até quem sabe surgir um outro ser dotado de alta complexidade e cuidado capaz de suportar o espírito e a consciência.

Identificamos vários significados de cuidado construídos a partir de muitas fontes que não cabem ser referidos aqui (cf. meus dois textos *Saber cuidar* (1999) e *O cuidado necessário* (2012)), mas que vêm da mais alta antiguidade (dos gregos, dos romanos), passando por Santo Agostinho e culminando em Martin Heidegger, que veem no cuidado a essência mesma do ser humano. Discernimos quatro sentidos de cuidado, todos mutuamente implicados.

Primeiro: Cuidado é uma atitude, vale dizer, uma relação amorosa, suave, amigável, harmoniosa e protetora para com a realidade: pessoal, social e ambiental.

Metaforicamente podemos dizer que o cuidado é a mão aberta que se estende para a carícia essencial, para o aperto das mãos, para o entrelaçar dos dedos de uns e de outros a fim de formar uma aliança de cooperação e união de forças, próprio do novo paradigma civilizacional. Ele se opõe à mão fechada e ao punho cerrado, para submeter e dominar o outro, próprio do paradigma da Modernidade.

Segundo: Cuidado é todo tipo de preocupação, inquietação, desassossego, incômodo, estresse, temor e até medo face a pessoas e a realidades com as quais estamos afetivamente envolvidos e, por isso, nos são preciosas.

Esse tipo de cuidado nos acompanha em cada momento e em cada fase de nossa vida. É o envolvimento com pessoas que nos são queridas ou com situações que nos são caras. Elas nos trazem cuidados e nos fazem viver o cuidado existencialmente.

Terceiro: Cuidado é a vivência da relação entre a necessidade de ser cuidado e a vontade de cuidar, criando um conjunto de apoios e proteções (holding) que torna possível esta relação indissociável, em nível pessoal, social e com todos os seres viventes.

O cuidado-amoroso, o cuidado-preocupação e o cuidado-proteção-apoio são existenciais, vale dizer, dados objetivos da estrutura de nosso ser no tempo, no espaço e na história, como no-lo tem mostrado R. Winnicott, o grande psicanalista inglês. São prévios a qualquer outro ato e subjazem a tudo o que empreendermos.

Quarto: Cuidado-precaução e cuidado-prevenção. Cuidado-prevenção exige que evitemos ações e intervenções, cujos efeitos são previsíveis e por isso podem ser evitados. Cuidado-precaução exige que evitemos ações e intervenções cujos efeitos não podemos prever, seja por insuficiência de conhecimentos seguros, seja por qualquer outra razão prudencial.

O princípio de precaução é fundamental para o campo da ecologia. Há intervenções na natureza (p. ex., na construção de uma grande hidrelétrica na região amazônica, de uma usina nuclear perto do mar) cujas consequências para ela e para a vida humana são altamente danosas e irrecuperáveis em alguns casos. Tais atos não podem ser postos em marcha, pois seriam altamente antiéticos por causa de suas consequências incontroláveis (é o caso das usinas nucleares de Fukushima no Japão, que podem ameaçar grande parte da vida marinha).

O cuidado-prevenção e precaução nascem de nossa missão de cuidadores de todo o ser. Somos seres éticos e responsáveis; quer dizer, damo-nos conta das consequências benéficas ou maléficas de nossos atos, atitudes e comportamentos.

Como se depreende, o cuidado está ligado a questões vitais que podem significar a destruição de nosso futuro ou a manutenção de nossa vida sobre este pequeno e belo planeta. Só vivendo radicalmente o cuidado garantiremos sustentabilidade à nossa Casa Comum e à nossa vida.

7

A convivialidade: uma virtude que nos falta

A convivialidade como conceito foi posta em circulação por Ivan Illich (1926-2002), um dos grandes pensadores proféticos do século XX que viveu tempos em Petrópolis, RJ, coordenando uma escola de inculturação de missionários para a América Latina. Nascido em Viena, formou-se em Roma, onde foi ordenado sacerdote, trabalhou com os latinos nos Estados Unidos e mais tarde no México. Tornou-se famoso por questionar o paradigma da medicina e da escola convencional. Por meio da convivialidade tentou responder a duas crises: a do processo industrialista e a da ecologia.

O processo industrialista fez com que o domínio do ser humano sobre o instrumento se tornasse o domínio do instrumento sobre o ser humano. Criado para substituir o escravo, o instrumento tecnológico acabou por escravizar o ser humano ao visar a produção e o consumo em massa e de forma ilimitada. Fez surgir uma sociedade cheia de aparatos, mas sem alma.

A produção industrial vigente não se combina com a fantasia e a criatividade dos trabalhadores. Ela não os ama. Deles só quer utilizar a força de trabalho, muscular ou intelectual. Quando incentiva a criatividade é em vista da qualidade total do produto para beneficiar ainda mais a empresa.

Entretanto, muitos empresários tomaram consciência dessa distorção e perceberam o grau de desumanização da sociedade industrial. Começaram a colocar na agenda da empresa sua responsabilidade socioambiental, a importância da subjetividade e da espiritualidade, as relações de cooperação entre todos, empresários e trabalhadores, ao invés da pura concorrência e acumulação.

O que se entende por convivialidade? Por convivialidade (não consta no *Dicionário Aurélio*) se entende: a capacidade de fazer conviver as dimensões de produção e de cuidado; de efetividade e de compaixão; de modelagem dos produtos e de criatividade; de liberdade e de fantasia; de equilíbrio multidimensional e de complexidade social. Tudo para reforçar o sentido de pertença universal do ser humano dentro da natureza, da sociedade e do universo.

O valor técnico da produção material deve caminhar junto com o valor ético da produção social e espiritual. Depois de termos construído a economia dos bens materiais importa desenvolver, urgentemente, a economia dos bens humanos e espirituais. O grande capital, infinito e inesgotável, não é porventura o ser humano, o capital eminentemente espiritual?

Os valores humanos do amor, da sensibilidade, do cuidado, da comensalidade e da veneração podem impor limites à voracidade do poder-dominação e à exploração-produção-acumulação.

A convivialidade também pretende ser uma resposta adequada à crise ecológica, produzida pelo processo industrialista dos últimos séculos. O processo de depredação dos bens e serviços naturais pode provocar uma dramática devastação do sistema-Terra e de todas as organizações que o gerenciam e produzir um real *crush* planetário. Esse cenário não é improvável. Ele ocorreu antes com a derrocada da bolsa de Wall Street em 1929. Naquela ocasião era apenas uma crise parcial do sistema capitalista e não tocava nos limites físicos do planeta. Agora a crise é do sistema global e afeta a sustentabilidade do Planeta Terra em sua capacidade de produzir vida.

Seguramente, num contexto de ruptura generalizada, a primeira reação do sistema imperante será aumentar o controle planetário e usar violência massiva para assegurar a manutenção da ordem vigente, econômica, financeira e militar. Tal diligência, em vez de aliviar a crise, a radicalizaria por causa do crescimento do desemprego tecnológico e da ineficácia dos ajustes fiscais. É o que estamos assistindo na crise dos países centrais, especialmente na zona do Euro.

Alguns têm aventado a hipótese de uma catástrofe de dimensões apocalípticas. Isso é possível, mas não fatal. Importa deixar em aberto a chance de um uso convivial dos instrumentos tecnológicos a serviço da preservação da vida, do bem viver da humanidade e da salvaguarda de nossa civilização.

Esse novo patamar possivelmente conhecerá uma sexta-feira santa sinistra que precipitará no abismo a ditadura do modo-de-ser-trabalho-produção-material para permitir um domingo de ressurreição: a reconstrução da sociedade mundial sobre a base do cuidado, da responsabilidade coletiva e da real sustentabilidade.

O primeiro parágrafo do novo contrato social entre os povos será o sagrado princípio da autolimitação e da justa medida; em seguida, o cuidado essencial por tudo o que existe e vive, a gentileza para com os humanos e a veneração para com a Mãe Terra.

Então o ser humano terá aprendido a usar os instrumentos tecnológicos como meios e não como fins; terá aprendido a con-viver com todas as coisas sabendo tratá-las com reverência e respeito. Não seria a verdadeira inauguração do novo milênio, do novo paradigma pelo qual tanto pleiteamos?

8

A arrogância: o persistente vício do Ocidente e das igrejas

Nossa cultura ocidental se caracteriza por excessiva arrogância, exacerbada pela tecnociência com a qual domina o mundo. Em tudo se mostra excessiva: na exploração ilimitada da natureza, na imposição de suas crenças políticas e religiosas e, quando acha oportuno, leva a guerra a todos os quadrantes. Essa cultura padece do "complexo-Deus", pois pretende saber tudo e poder tudo.

A arrogância é um tema central da reflexão grega de onde viemos. Modernamente foi estudada com profundidade por um pensador italiano com formação em economia, sociologia e psicologia analítica, Luigi Zoja, cujo livro se intitula *História da arrogância* (São Paulo: Axis Mundi, 2000).

Esse livro denso traz a história desse vício nas culturas mundiais, especialmente na cultura ocidental. Seus pensadores (filósofos e dramaturgos) notaram que a racionalidade que se libertava do mito vinha habitada por um demônio que poderia levá-la a conhecer e a desejar ilimitadamente, num processo sem fim: uma ciência sem consciência.

Essa energia tende a romper todos os limites e terminar na arrogância, o verdadeiro pecado que os deuses castigavam impiedosamente. Foi chamada de *hybris*, que em grego significa "o excesso e o desmedido de qualquer ação". *Nemesis*, o princípio divino que pune a arrogância.

O imperativo da Grécia Antiga era *méden ágan*: "nada de excessivo". Tucídides fará Péricles, o genial político de Atenas, dizer: "Amamos o belo mas com frugalidade; usamos a riqueza para empreendimentos ativos, sem ostentações inúteis; para ninguém a pobreza é vergonhosa, mas é vergonhoso não fazer o possível para superá-la". Em tudo buscavam a justa medida.

A ética oriental (budista e hindu) pregava a imposição de limites ao desejo. O *Tao Te King* já sentenciava: "Não há desgraça maior do que não saber se contentar" (cap. 46); "teria sido melhor ter parado antes que o vaso transbordasse" (cap. 9).

A *hybris-excesso-arrogância* é o vício maior do poder, seja pessoal, seja de um Estado ou de um império. Hoje essa arrogância ganha corpo no império norte-americano, que a todos submete e espiona para melhor controlar os países e as pessoas de poder. A arrogância subjaz ao ideal do crescimento ilimitado premente na nossa cultura, à economia e às políticas da maioria dos Estados.

Esse excesso-arrogância chegou aos dias atuais a uma culminância em duas frentes: na vigilância ilimitada, que consiste na capacidade de um poder imperial controlar e espionar, por sofisticada tecnologia cibernética, todas as pessoas, violar os direitos de soberania de um país e o direito inalienável à privacidade pessoal. É um sinal de fraqueza e de medo, pois o império, não conseguindo mais convencer com argumentos e atrair por seus ideais, mais e mais precisa usar a violência direta, a mentira, o desrespeito aos direitos consagrados universalmente e às regras consensuadas internacionalmente.

O fato é que estamos submetidos à lógica desse império. Ele é consequência necessária do presumido excepcionalismo dos Estados Unidos, segundo o qual se veem portadores de um *destino manifesto* querido por Deus. Eles se interpretam como o novo "Povo de Deus", incumbidos de levar seus valores a todo o mundo, especialmente a liberdade, entendida como liberdade de mercado; liberdade para fazer qualquer tipo de negócio lucrativo a despeito dos estragos na natureza e da exploração de todo um povo.

É um império singular, não baseado na ocupação territorial ou em colônias, mas nas 877 bases militares distribuídas pelo mundo todo, 27 delas somente na América Latina, munidas com ogivas nucleares que podem ser acionadas em um minuto e meio, e com porta-aviões com um poder de destruição mais avassalador do que todas as armas juntas da Segunda Guerra Mundial. A maioria dessas bases não tem nada a ver com a segurança americana. Elas estão lá para ostentar o poder do império, meter medo e garantir a hegemonia no mundo.

Nada disso foi desmontado pelo novo imperador negro, Barack Obama, nem fechou a prisão para os considerados terroristas em Guantânamo, situada em Cuba, como prometeu. Escandalosamente, depois de receber, sem merecimento algum, o Prêmio Nobel da Paz, enviou trinta mil soldados ao Afeganistão para uma guerra de antemão perdida.

Podemos discordar da tese básica de Abraham P. Huntington em seu discutido livro *O choque de civilizações*. Mas nele há observações, dignas de nota, como esta: "A crença na superioridade da cultura ocidental é falsa, imoral e perigosa" (p. 395). Mais ainda: "A intervenção ocidental provavelmente constitui a mais perigosa fonte de instabilidade e de um possível conflito global num mundo multicivilizacional" (p. 397), pois as condições para semelhante tragédia estão sendo criadas pelos Estados Unidos e pelos seus súcubos europeus.

Segundo os grandes historiadores Toynbee e Burckhard, estes são os sinais inequívocos da decadência irrefreável dos impérios. Mas ao afundarem causam estragos inimagináveis.

A segunda frente, a da *hybris-excesso*, reside no sonho do crescimento ilimitado pela exploração desapiedada dos bens e serviços naturais. O Ocidente criou e exportou para todo mundo esse tipo de crescimento, medido pela quantidade de bens materiais (PIB). Ele rompe com a lógica da natureza, que sempre se autorregula mantendo a interdependência de todos com todos. Assim, uma árvore não cresce ilimitadamente até o céu; da mesma forma o ser humano conhece seus limites físicos e psíquicos. Mas esse projeto fez com que o ser humano impusesse à natureza a sua regulação arrogante. Assim consome até fazê-la adoecer e, ao mesmo tempo, procura a saúde total e a imortalidade biológica.

Agora que os limites da Terra se fizeram sentir, pois se trata de um planeta pequeno e doente, força-o com novas tecnologias a produzir mais. A Terra se defende criando o aquecimento global com seus eventos extremos. Apesar desses sinais a máquina produtivista persiste.

Com propriedade diz Zoja: "O crescimento sem fim nada mais é do que uma ingênua metáfora da imortalidade" (p. 11). Esta ultrapassagem de todos os limites (*hybris*) é agravada pela ausência da razão sensível e cordial. Por ela lemos emotivamente os dados (os índices dos que passam fome, as estatísticas do desflorestamento, o nível da desertificação e outros), escutamos as mensagens da natureza e percebemos o humano da história humana dramática e esperançadora.

Talvez a forma mais refinada de arrogância foi e é vivida pelo cristianismo, especialmente sob o pontificado do Papa Bento XVI. Ele rebaixou as outras igrejas, negando-lhes o título de igrejas.

Impugnou as demais religiões como caminhos válidos para Deus. Tudo tem que passar pelo pedágio da Igreja Católica, fora da qual não há salvação, doutrina medieval superada pelo Concílio Vaticano II (1962-1965), mas ressuscitada por ele, para perplexidade de todas as igrejas e pela comunidade teológica.

Mas tem antecessores ainda mais arrogantes: o Papa Alexandre VI (1492-1503), pela bula *Inter Caetera*, dirigida aos reis de Espanha, determinava: "Pela autoridade do Deus todo-poderoso a nós concedida em São Pedro, assim como do vicariato de Jesus Cristo, vos doamos, concedemos e entregamos com todos os seus domínios, cidades, fortalezas, lugares e vilas, as ilhas e as terras firmes achadas e por achar". O Papa Nicolau V (1447-1455), pela bula *Romanus Pontifex*, prometia o mesmo aos reis de Portugal. Concedia esta barbaridade: "A faculdade plena e livre para invadir, conquistar, combater, vencer e submeter a quaisquer sarracenos e pagãos em qualquer parte que estiverem e reduzir à servidão perpétua as pessoas dos mesmos".

Dá para ir mais longe no excesso e na *hybris*? Apagou-se totalmente a memória do Nazareno que pregava o amor incondicional e que somos todos seres de liberdade, feitos irmãos e irmãs uns dos outros.

A aceitação dos limites nos torna humildes e conectados a todos os seres. O Império Norte-americano e uma Igreja que se arroga poderes divinos, por uma lógica própria da arrogância dominadora, distanciam-se de todos, criam desconfianças, mas jamais fascínio e admiração, coisa que o Papa Francisco coloca como qualidade preferencial da mensagem de Jesus.

Por fim, aprendamos a lição dos antigos mitos e das fábulas. Há uma que vem de Philipp Otto Runge, pintor alemão do século XIX. Trata-se de um casal de pescadores. Vou recontá-la com pequenas adaptações.

Um certo casal vivia numa choupana miserável junto a um lago. Todo dia a mulher ia pescar para comer. Certa feita puxou em seu anzol um peixe muito estranho, um peixe que falava, o que a deixou muito perplexa. O peixe foi logo dizendo: "Não me mate, pois não sou um peixe qualquer; sou um príncipe encantado, condenado a viver neste lago; deixa-me viver". E ela deixou-o viver.

Ao chegar em casa contou o fato ao marido. Este, muito esperto, logo lhe sugeriu: "Se ele for de fato um príncipe encantado, pode nos ajudar, e muito. Corra para lá e tente pedir a ele para que transforme nossa choupana num castelo". A mulher, relutando, foi. Com voz forte chamou pelo peixe. Este veio célere e lhe disse: "Que queres de mim"? Ela lhe respondeu: "Você deve ser poderoso, poderia transformar minha choupana num castelo". "Pois, será feito o teu desejo", respondeu o peixe.

Ao chegar em casa deparou-se com um imponente castelo, com torres e jardins e o marido vestido de príncipe. Passados poucos dias disse o marido à mulher, apontando para os campos verdes e as montanhas: "Tudo isso pode ser nosso. Será o nosso reino. Vá ao príncipe encantado e peça-lhe que nos dê um reino".

A mulher se aborreceu com o desejo exagerado do marido, mas acabou indo. Chamou o peixe encantado e este veio. "Que queres agora de mim", perguntou ele. Ao que a pescadora respondeu: "Gostaria de ter um reino com todas as terras e montanhas a perder de vista". "Pois seja feito o teu desejo", respondeu o peixe.

Ao regressar, encontrou um castelo ainda maior. E lá dentro seu marido vestido de rei com coroa na cabeça e cercado de príncipes e princesas. Ambos ficaram felizes por uns bons tempos. Então o marido sonhou mais alto e disse: "Você, minha mulher, poderia pedir ao príncipe encantado para que me faça papa com toda a sua pompa e circunstância".

A mulher ficou muito irritada. "Isso é absolutamente impossível. Papa existe somente um no mundo". Mas ele fez tantas pressões que finalmente a mulher acedeu e foi pedir ao príncipe: "Quero que faça meu marido Papa". "Pois, seja feito o teu desejo", respondeu ele.

Ao regressar viu o marido vestido de papa, cercado de cardeais, bispos e multidões ajoelhadas diante dele pedindo-lhe a bênção. Ela ficou deslumbrada. Mas passados uns dias, ele disse: "Só me falta uma coisa e quero que o príncipe ma conceda, quero fazer nascer o sol e a lua, quero ser Deus".

"Isso o príncipe encantando seguramente não poderá fazer", disse a mulher pescadora. Mas sob altíssima pressão e aturdida, foi ao lago. Chamou o peixe. E este lhe perguntou: "Que queres, por fim, mais de mim?" Ela falou: "Quero que meu marido vire Deus". O peixe lhe disse: "Retorne e terás uma surpresa". Ao regressar, encontrou seu marido sentado diante da choupana, pobre e todo desfigurado. Foi o castigo por sua excessiva arrogância e fome de poder. A hybris o condenou.

Diz-se por aí que ambos estão ainda lá em sua choupana, pobres e macilentos, até os dias hoje, porque toda a arrogância, um dia, será fatalmente castigada.

Assim acontecerá, consoante as tragédias gregas, com aqueles que vivem de *hybris,* quer dizer, de excessiva pretensão. Eles serão inexoravelmente derrubados de seu poder. Não será esse talvez o destino de nossa civilização?

Há os que repetem nos tempos de Natal o seguinte pensamento, que mostra a inversão da arrogância:

Todo menino quer ser homem.

Todo homem quer ser rei.

Todo rei quer ser Deus.

Só Deus quis ser menino.

9

O ateísmo ético purifica a religião e libera sua verdadeira missão

Apesar dos mestres da suspeita Marx, Freud, Nietzsche e Popper terem feito uma crítica devastadora da religião, ela resistiu e está voltando poderosamente em todas as partes do mundo. Mas, em grande parte, volta fazendo de Deus o legitimador da guerra, do terrorismo ou do conservadorismo político e religioso. Parece que agora, com a entronização de um papa que "vem do fim do mundo" e que tomou como nome Francisco, inspirado na pobreza, na humildade, na simplicidade e no despojamento de todo o poder de Francisco de Assis, a religião, no caso o cristianismo, voltou à sua verdadeira raiz no Jesus histórico: pobre, humilde e sem poder.

Bin Laden, quando vivo, comentava os atos de terror com um rosto crístico, dizendo: "Alá seja louvado". Bush, antes de dar o ultimato a Saddan Hussein do Iraque, se recolheu, consultou Deus em oração e comunicou aos assessores: "Tenho uma missão a cumprir e com os joelhos dobrados peço ao Bom Senhor que me ajude a realizá-la com sabedoria; vamos, pois, à guerra". Sob o pontificado de João Paulo II, continuado sob Bento XVI, ganhou força uma religiosidade carismática e fundamentalista que dança e canta o "Pai-nosso" sem articulá-lo com o "Pão nosso". Graças a Deus o Papa Francisco conclama todos a preferirem antes o serviço aos pobres e aos invisíveis do que a divulgação de ideias teológicas. O amor a eles, enfatiza, está acima dos dogmas e das disciplinas.

O Deus de Bin Laden e de Bush são ídolos porque não é possível que o Deus vivo e verdadeiro queira o que eles queriam: a guerra preventiva e o terror que vitimam inocentes ou um tipo de fé que não articula a paixão por Deus com a paixão pelos sofredores deste mundo.

O ateísmo ético tem razão ao negar esse tipo alienado de religião, cujo deus justificou outrora as cruzadas, a caça às bruxas, a Inquisição e o colonialismo, e hoje a Guerra do Iraque, o terrorismo islâmico, o terrorismo de Estado dos Estados Unidos e a moral sem misericórdia. É mais digno ser ateu de boa vontade, amante da justiça e da paz, do que um religioso fundamentalista, sem compaixão e insensível à ética da vida.

Essa situação objetiva suscita uma questão: Ainda é possível crer em Deus num mundo que manipula o nome dele para atender a interesses perversos do poder? Sim, é possível, à condição de sermos ateus de muitas imagens de Deus que conflitam com o Deus da experiência de Jesus de Nazaré, dos místicos e da piedade dos puros de coração.

Então a questão hoje é: Como falar de Deus sem passar pela religião? Falar religiosamente como Bin Laden e Busch é blasfemar contra Deus. Curiosamente, essa questão foi levantada por Dietrich Bonhöffer, aquele teólogo protestante alemão que participou de uma frustrada conspiração contra Hitler. Da prisão, antes de ser condenado à morte, escreveu em 30 de abril de 1944 uma carta a um amigo, que dizia: "Estamos caminhando para uma época de nenhuma religião [...] como falar de Deus sem uma religião [...] como falar de Deus de forma secular?"

Respondendo a seu desafio podemos afirmar: Sim, é possível falar secularmente de Deus sem referir seu nome, seguindo o que nos ensinou

Dom Pedro Casaldáliga, esse bispo místico, profeta e poeta de São Félix do Araguaia, MT: "Se um opressor diz *Deus*, eu lhe digo justiça, paz e amor, pois estes são os verdadeiros nomes de Deus que ele não vive. Se o opressor diz *justiça, paz e amor* eu lhe digo Deus, porque Deus desmascara sua justiça, sua paz e seu amor, pois são falsos".

Não dizia outra coisa o grande teólogo francês do século XX, Henri De Lubac, primeiro condenado pelo Vaticano e depois reabilitado e elevado ao cardinalato: "Se eu falto ao amor ou se falto à justiça, afasto-me infalivelmente de Vós, oh meu Deus, e meu culto não é mais que idolatria. Para crer em Vós devo crer no amor e na justiça. Vale mil vezes crer nestas coisas do que pronunciar vosso nome. Fora delas é impossível que alguma vez eu vos possa encontrar. Aqueles que as tomam como guia estão sobre o caminho que os conduz a vós".

Podemos falar secularmente de Deus quando falamos e nos empenhamos pelo amor e pela justiça no mundo. Mas há ainda um fenômeno radicalmente humano que, analisado, remete à experiência daquilo que Deus significa. Penso no *entusiasmo*. Em grego, de onde deriva, a palavra entusiasmo é *enthusiasmós*. Ela se compõe de três partes: *en* (em) *thu* (abreviação de *theós* = Deus) e *mos* (terminação de substantivos abstratos). Entusiasmo significa, pois, ter um Deus dentro, ser tomado por uma Energia que reforça a vida e a vontade de agir: isso seria Deus. Não é uma intuição fantástica e verdadeira essa dos gregos?

Aquela energia que nos faz viver, lutar, resistir, cantarolar, dançar e irradiar vitalidade não é por acaso a realidade daquilo que chamamos Deus? É uma Energia misteriosa e amorosa que está em nós, mas que é também maior do que nós. Não a possuímos, é ela que nos possui. Estamos à mercê dela. O entusiasmo é isso, o Deus interior. Vivendo o entusiasmo, nesse sentido radical, estamos vivenciando a realidade daquilo que chamamos Deus, mesmo negando-o.

Essa imagem é aceitável porque Deus é próximo e está dentro de nós e, ao mesmo tempo, para além de nós, em todas as coisas e no universo inteiro.

Bem dizia Rumi, o maior místico do Islã: "Quem ama a Deus não tem nenhuma religião, a não ser Deus mesmo". Esta afirmação pode ser testemunhada por Dag Hammarskjöld, secretário-geral da ONU, morto no dia 18 de setembro de 1961 no Congo, convulsionado, para onde fora em missão de paz. Depois achou-se na gaveta de seu escritório na ONU um diário, *Marcas no caminho*, que o revela, surpreendentemente, um profundo místico secular.

No meio de suas atividades políticas e diplomáticas, carregadas de conflitos de toda ordem, seu espírito estava sintonizado com aquele Fio condutor que pervade cada fato e toda a história. Com reverência fala de Deus, não como um homem de alguma religião ou confissão cristã, mas como um homem para quem a fé é total entrega e um casamento místico com Deus. A Deus chama sempre de Tu. Deixou-nos esta bela oração com data de 1954:

> Tu, que estás acima de nós, Tu que és um de nós, Tu que estás também dentro de nós. Possam todos te ver também em mim. Possa eu preparar o caminho para ti. Possa eu te agradecer por tudo o que me aconteceu. Possa eu nunca esquecer da necessidade do outro. Possa eu permanecer no teu amor como Tu queres que os outros permaneçam no meu. Possa todo o meu ser servir à tua glória. Possa eu nunca desesperar, pois estou sob tua mão, e todo o poder e toda a bondade estão em ti. Dá-me um coração puro para que eu te veja. Um coração humilde para que eu te ouça.

Um coração de amor para que eu te sirva. Um coração de fé para que eu permaneça em ti.

Nestes tempos de idolatria oficial há que se resgatar este sentido originário e existencial de Deus. Sem pronunciar-lhe o nome o acolhemos reverentemente como *entusiasmo* que nos faz viver e lutar e ainda nos permite a alegre celebração da vida.

10

Depois da *Shoah*, extermínio nazista dos judeus, como pensar o ser humano?

A memória da *Shoah* – vale dizer, do holocausto de milhões de judeus (e de ciganos e deficientes físicos) nos campos de extermínio nazistas por ordem de Hitler e de Himmler – sempre é feita, pois suscita questões perturbadoras sobre o que pode o ser humano, quais os limites de sua perversidade e o que isso significa.

É terrificante a inumanidade mostrada nos campos de extermínio, especialmente em Auschwitz-Birkenau na Polônia e Dachau na Baviera. É aquilo que a filósofa judia alemã que acompanhou passo a passo o julgamento de Eichmann em Israel denomina de "a banalidade do mal".

A questão chegou a abalar a fé de judeus e de cristãos, que se perguntaram: Como pensar Deus depois de Auschwitz? Até hoje as respostas, seja de Hans Jonas do lado judeu, seja de J.B. Metz e de J. Moltmann do lado cristão, são profundas, mas ainda insuficientes. A questão não é apenas teológica. Ela é também antropológica: Como pensar o ser humano depois de Auschwitz e qual é o seu destino?

Não deixam de ser impressionantes as palavras do Papa Bento XVI quando, em maio de 2006, visitou Auschwitz-Birkenau. Aí não falou o papa, mas como um simples homem de fé que se queixa diante de Deus pela monstruosidade da maldade humana totalmente incompreensível: "Onde estava Deus naqueles dias? Por que Ele se calou? Como Ele pôde tolerar esse excesso de destruição e o triunfo do mal? Não temos condições de lançar um olhar para dentro do mistério de Deus. Não nos cabe também ser juízes de Deus e da história. Antes, cabe-nos humildemente, mas de forma a mais radical possível, gritar a Deus: não esqueça a sua criatura que é o ser humano! E devemos fazer tudo para não cair no cinismo, na total descrença na humanidade e para evitar que tal iniquidade volte a acontecer".

Nesse contexto não devemos jamais esquecer a *Shoah* sofrida pelos povos originários da América Latina, com a invasão e ocupação de suas terras. O processo de colonização ibérico se fez com grande violência. Em poucos anos dizimou grande parte da população, primeiramente pelas doenças dos brancos contra as quais não tinham imunidade (como gripe, varíola e outras), e em seguida pelas guerras, que significaram em alguns lugares no México e no Peru em verdadeiro genocídio. Quando Hernán Cortés chegou ao México em 1519 havia cerca de 22 milhões de habitantes. Setenta anos depois havia somente um milhão e meio, tal foi a devastação populacional ocorrida pela presença cruel dos colonizadores. O reverso da conquista não foi ainda suficientemente contado.

É certo que o inumano pertence ao humano. Mas quanto de inumanidade cabe dentro da humanidade? Há limites na crueldade e na falta de piedade? Houve um projeto concebido intencionalmente e sem qualquer escrúpulo, o de redesenhar a humanidade. No comando devia estar a raça ariano-germânica; algumas seriam colocadas na segunda e na terceira categorias, e outras, feitas escravas ou simplesmente exterminadas. Nas palavras de seu formulador, Himmler, em 4 de outubro de 1943: "Essa é uma página de fama de nossa história que se escreveu e que jamais se escreverá".

O nacional-socialismo de Hitler tinha a clara consciência da inversão total dos valores. O que seria crime se transformou para ele em virtude e glória. Aqui se revelam traços do anticristo, "O adversário, aquele que se levanta contra tudo o que é sagrado e divino", como o caracteriza São Paulo (2Ts 2,4).

O livro mais perturbador sobre a política oficial de extermínio de todo um povo, cuja leitura provoca uma revolução em nossas entranhas, é a autobiografia de Rudolf Höss, o grande exterminador de Auschwitz: *Comandante em Auschwitz: notas autobiográficas* (1958).

Durante os 10 meses em que ficou preso e interrogado pelas autoridades polonesas em Cracóvia, entre 1946-1947, e finalmente sentenciado à morte, Höss teve tempo de escrever com extrema exatidão em detalhes como enviou cerca de dois milhões de judeus às câmaras de gás. Ali se montou uma fábrica de produção diária de milhares de cadáveres que assustava os próprios executores. Era a "banalidade da morte", de que falava Hannah Arendt.

Mas o que mais assusta é seu perfil humano. Não imaginemos que Höss unia o extermínio em massa aos sentimentos de perversidade, sadismo diabólico e pura brutalidade. Ao contrário, era carinhoso com a mulher e filhos, consciencioso, amigo da natureza, enfim, um pequeno burguês normal. Chorou certa vez pela morte de um passarinho de estimação. Matar pessoas como os judeus não o comovia, pois o mal se tornara banal e cotidiano.

No final, antes de morrer, escreveu: "A opinião pública pode pensar que sou uma besta sedenta de sangue, um sádico perverso e um assassino de milhões. Mas ela nunca vai entender que esse comandante tinha um coração e que ele não era mau". Quanto mais inconsciente, mais perverso é o mal.

Eis o que é perturbador: Como pode tanta inumanidade conviver com a humanidade? Não sei. Suspeito que aqui entra a completa entrega e submissão ao chefe e a força de sedução e de obscurecimento de uma ideologia totalitária. A pessoa Höss se identificou com o Comandante Höss e o Comandante Höss com a pessoa. E ambos entregaram corpo, alma e espírito ao *Führer*. Era radicalmente fiel ao chefe, Hitler. Se recebeu a ordem do *Führer* de exterminar os judeus, então não deveria sequer pensar: Vamos exterminá-los (*der Führer befiehl, wir folgen*). Confessa que nunca se questionou por que "o chefe sempre tem razão". Uma leve dúvida que eventualmente o assaltava era sentida como traição a Hitler.

Mas o mal também tem limites e Höss os sentiu em sua própria pele. Sempre resta algo de humanidade, mesmo nas pessoas com comportamentos dos mais inumanos. Ele mesmo conta: duas crianças estavam mergulhadas em seu brinquedo. Sua mãe era empurrada para dentro da câmara de gás. As crianças foram forçadas a ir também. "O olhar suplicante da mãe pedindo misericórdia para aqueles inocentes [comenta Höss] nunca mais esquecerei". Vacilou por um momento, mas acabou fazendo um gesto brusco para que os levassem, e os policiais os jogaram na câmara de gás. Ele confessa que muitos dos executores não aguentavam tanta inumanidade e se suicidavam. Ele, no entanto, devia dar o exemplo e permanecia frio e cruel. Mas aquele apelo da consciência ficou para o resto da vida, inesquecível. Mesmo que ninguém o perseguisse, ela sempre o acompanhava.

Estamos diante de um fundamentalismo extremo que se expressa por sistemas totalitários e de obediência cega, sejam políticos, religiosos ou ideológicos. A consequência é a produção da morte dos outros.

Esse risco nos cerca, pois reina uma vasta onda de fundamentalismo religioso, político e cultural em grande parte do mundo, especialmente naqueles que foram mais humilhados como os povos do Oriente Médio. Da indignação passaram à revolta, e da revolta à raiva e ao ódio incontidos. Tal lógica lança alguma luz sobre esta barbaridade, como foi a destruição das Torres Gêmeas em Nova York em setembro de 2001.

Só potenciando o humano em nós, que nos faz verdadeiramente humanos, como o amor, a amizade, a cooperação e a compaixão, podemos impor limites à nossa desumanidade. Caso contrário, a dimensão assassina, escondida dentro da alma de cada um (a dimensão de *demens,* a dimensão de *sombra*) vem à tona, inunda a consciência e perpetra um oceano de iniquidades. Quem nos salvará?

A resposta cristã nos vem por São Paulo, que nos garante: "Onde abundou o pecado superabundou a graça" (Rm 5,20). E continua perguntando: "Quem me libertará?" (Rm 7,24). E responde: "Graças a Deus, por Nosso Senhor Jesus Cristo" (7,25). Mas é suficientemente realista para reconhecer: só "na esperança somos salvos" (Rm 8,24). A questão permanece aberta e entregue à esperança.

11

O resgate necessário da inteligência emocional e espiritual

É um fato inegável que toda nossa cultura moderna se funda sobre o uso da razão instrumental-analítica, que deu origem à sociedade tecnológica dentro da qual vivemos. A razão iluminista e crítica gerou o fascínio de gerações de pessoas pelos sucessos que ela alcançou em todos os campos e pelas facilidades que trouxe para a vida cotidiana. Era o império da razão intelectual.

Mas ela é contraditória: se por um lado nos levou à Lua e nos trouxe de volta e inventou o antibiótico que prolongou nossa vida, por outro construiu uma máquina de morte que pode nos exterminar e ferir gravemente a biosfera.

A Segunda Guerra Mundial arrefeceu o entusiasmo. Fez-se uso dessa inteligência para quebrar o átomo e para o fabrico de armas nucleares como aquelas duas bombas lançadas sobre Hiroshima e Nagasaki, que mataram milhares de pessoas e exterminaram a natureza em volta. Demo-nos conta de que estamos lidando com uma energia que pode nos destruir.

Especialmente a Escola de Frankfurt, que reunia o melhor da inteligência alemã, submeteu a uma rigorosa crítica esse tipo de uso da razão apenas técnica, desvinculada de sua dimensão humanística.

A discussão avançou a ponto de superar, em grande parte, o pensamento único racional. Viu-se que o ser humano também é portador da inteligência emocional. Não apenas existe o *cogito ergo sum*, mas também *sentio, ergo sum*. Somos portadores de grande sensibilidade e profunda afetividade; nelas está ancorado o mundo dos valores; nelas vicejam os sonhos e as utopias; são elas que nos movem para a ação e até nos levam à indignação, da indignação se passa para a raiva e da raiva se salta para a violência destrutiva, o terrorismo, a guerrilha, a guerra civil e a guerra mundial.

Todo discurso psicanalítico se concentra na análise dos sentimentos humanos; não sobre o que pensamos sobre isto ou aquilo, mas como afetivamente reagimos face a isto e àquilo e o que sentimos diante deles. O importante não são tanto os fatos, mas nossa reação afetiva face aos fatos.

Temos a ver com a inteligência emocional, aquela que mais move e afeta os seres humanos. Ela está ligada ao cérebro límbico, que surgiu há quase duzentos milhões de anos, quando, no processo da evolução, irromperam os mamíferos. Ao cérebro reptílio, que responde por nossas ações inconscientes e mecânicas (uma freada rápida face a um eventual choque com outro carro, o pulsar de nosso coração e o fluxo do sangue de nossas veias que independem nossa razão), veio se acrescentar o cérebro límbico. Próprio dele é a capacidade de ter emoções. O mamífero carrega dentro de si a cria; uma vez que lhe dá à luz, cobre-a de carícias e protege-a contra qualquer perigo. Nasceu algo surpreendente em nosso universo: o sentimento, o cuidado, a simpatia e o amor.

Os seres humanos não são simplesmente animais racionais. Mais propriamente, somos mamíferos racionais; portadores de outro tipo de inteligência, a emocional ou cordial.

Como o advento da Modernidade que instaurou, diria, a ditadura da razão, a inteligência emocional foi recalcada e até difamada por atrapalhar a objetividade do processo científico. E assim perdurou por muitas gerações.

Foi preciso vir a física quântica, o discurso psicanalítico, a ciência da vida e da Terra para resgatar a importância da inteligência emocional. Particularmente, a nova epistemologia mostrou que o sujeito pensante vem impregnado de emotividade. Não existe um conhecimento absolutamente objetivo, pois implicaria a ausência do sujeito pensante que, ao pensar, pesquisar e sintetizar, nunca consegue se livrar dos interesses e das emoções que acompanham a vida concreta de cada ser humano, cientista ou não (cf. HABERMAS, J. *Conhecimento e interesse*).

Com isso se resgatou a inteligência emocional, hoje particularmente importante quando se tratam de relações em que se conjugam significados existenciais: a proteção da vida, a salvaguarda do equilíbrio ecológico do Planeta Terra e a capacidade de construir alianças entre os povos que antes se inimizavam e se guerreavam. A inteligência emocional vem imbuída de cuidado, de sentimento de solidariedade e de compaixão, valores fundamentais para a convivência pacífica entre os seres humanos.

Portanto, esses dois tipos de racionalidade devem se completar e conviver: a racional, orientada mais para a construção de um mundo funcional, e a emocional, norteada mais para o mundo social, visando uma convivência minimamente humana, solidária, compassiva e cuidadosa.

Ultimamente cientistas que vêm das neurociências e afins se deram conta de que o ser humano também é portador de um outro tipo de inteligência: a espiritual. Ela obedece a outra lógica. Está ligada a dimensões profundamente humanas, como a busca de um sentido de vida, experiências de veneração e respeito face ao *grandeur* do universo e ao encontro com aquela Energia poderosa e amorosa que subjaz a todo o universo e a cada um dos seres, sustendo-os, fazendo-os evoluir e criando sempre novas emergências de realidades complexas e mais ordenadas.

Os neurolinguistas e neurólogos se deram conta de que sempre que se abordam questões fundamentais ligadas aos contextos mais globais, a sentidos mais englobantes e aos temas do Sagrado e do Divino, ou diretamente de Deus, há uma elevação significativa da vibração dos neurônios do lobo frontal. Denominaram esse ponto de "Ponto Deus" no cérebro. Seria como um órgão interior pelo qual o ser humano se sente parte de um Todo maior, capta um fio condutor que religa todas as coisas e que lhe confere o sentimento de uma Totalidade carregada de significação. Alimentar essa inteligência espiritual torna o ser humano mais sensível aos valores do amor, da solidariedade, da compaixão e do cuidado para com todas as coisas (cf. ZOHAR, D. *Qs: a inteligência espiritual*, 2000).

Articular essas três manifestações da capacidade de inteligibilidade do ser humano, a racional, a emocional e a espiritual, torna-nos mais plenamente humanos e nos cria um sentimento de plenitude. Ela permite uma experiência mais globalizadora do real e o lugar que o ser humano ocupa no conjunto dos seres.

Um grande analista da alma humana, C.G. Jung, trabalhou detidamente sobre essas dimensões da inteligência humana. Ele nos pode orientar na direção de uma maior integração desses patamares que nos ajudarão a enfrentar a crise atual e sair dela com sucesso.

Essa preocupação sempre esteve presente em seu trabalho psicanalítico. Para ele, a psicologia não possuía fronteiras, entre cosmos e vida, entre biologia e espírito, entre corpo e mente, entre consciente e inconsciente, entre individual e coletivo. A psicologia tinha a ver com a vida em sua totalidade, em sua dimensão racional e irracional, simbólica e virtual, individual e social, emocional e espiritual, terrenal e cósmica e em seus aspectos sombrios e luminosos.

Por isso tudo lhe interessavam os fenômenos esotéricos, a alquimia, a parapsicologia, o espiritismo, os discos voadores, a filosofia, a teologia, a mística ocidental e oriental, os povos originários e as teorias científicas mais avançadas. Sabia articular esses saberes descobrindo conexões ocultas que revelavam dimensões surpreendentes da realidade. De tudo sabia tirar lições, hipóteses e enxergar possíveis janelas sobre a realidade. Em razão disso não cabia em nenhuma disciplina, motivo pelo qual muitos o ridicularizavam.

Em nossa leitura da realidade, essa visão holística e sistêmica precisa se tornar hegemônica. Caso contrário, ficaremos reféns de visões fragmentadas que perdem o horizonte do todo. Nesta diligência Jung é um interlocutor privilegiado, particularmente no resgate da razão sensível e espiritual.

Coube a ele o mérito de ter valorizado e tentado decifrar a mensagem escondida nos mitos. Eles constituem a linguagem do inconsciente coletivo, que possui relativa autonomia. Ele nos possui mais a nós do que nós a ele. Cada um é mais pensado do que propriamente pensa. O órgão que capta o significado dos mitos, dos símbolos e dos grandes sonhos é a razão sensível, a razão cordial e espiritual.

Como já observamos, a razão sensível foi colocada sob suspeita na Modernidade, pois poderia obscurecer a objetividade do pensamento. Jung sempre foi crítico do uso exacerbado da razão instrumental-analítica, pois fechava muitas janelas da alma.

Conhecido foi o diálogo em 1924-1925 que Jung manteve com um indígena da tribo Pueblo, no Novo México, EUA. Esse indígena achava que os brancos eram loucos. Jung lhe perguntou por que os brancos seriam loucos. Ao que o indígena respondeu: "Eles dizem que pensam com a cabeça". "Mas é claro que pensam com a cabeça", retrucou Jung. "Como vocês pensam"?, arrematou. E o indígena, surpreso, respondeu: "Nós pensamos aqui", e apontou para o coração (*Memórias, sonhos, reflexões*, p. 233).

Esse fato transformou o pensamento de Jung. Entendeu que os europeus haviam conquistado o mundo com a cabeça, mas haviam perdido a capacidade de sentir com o coração e de viver com a alma.

Logicamente não se trata de abdicar da razão – o que seria uma perda irreparável para todos –, mas de recusar o estreitamento de sua capacidade de compreender. É preciso considerar o sensível e o cordial como elementos centrais no ato de conhecimento e o espiritual como um dado fundamental do profundo da psique humana. Eles permitem captar valores e sentidos presentes na profundidade do senso comum. A mente é sempre incorporada; portanto, sempre impregnada de sensibilidade, e não apenas cerebrizada.

Em suas *Memórias* diz: "Há tantas coisas que me fazem repleto: as plantas, os animais, as nuvens, o dia, a noite e o eterno presente nos homens. Quanto mais me sinto incerto sobre mim mesmo, mais cresce em mim o sentimento de meu parentesco com o todo" (p. 361).

O drama do homem atual é ter perdido a capacidade de viver um sentimento de pertença, coisa que as religiões sempre garantiam. O que se opõe à religião não é o ateísmo ou a negação da divindade. O que se opõe a ela é a incapacidade de ligar-se e religar-se com todas as coisas. Hoje as pessoas estão desenraizadas, desconectadas da Terra e da *anima*, que é a expressão da sensibilidade e da espiritualidade.

Para Jung, o grande problema atual é de natureza psicológica. Não da psicologia entendida como disciplina ou apenas como dimensão da psique. Mas psicologia no sentido abrangente, como a totalidade da vida e do universo enquanto percebidos, sentidos e articulados com o ser humano. É nesse sentido que escreve: "É minha convicção mais profunda de que, a partir de agora, até a um futuro indeterminado, o verdadeiro problema é de ordem psicológica. A alma é o pai e a mãe de todas as dificuldades não resolvidas que lançamos na direção do céu" (*Cartas* III, 243).

Se não resgatarmos hoje a razão sensível, que é uma dimensão essencial da alma, se não incluirmos a inteligência espiritual, dificilmente nos mobilizaremos para respeitar a alteridade dos seres, amar a Mãe Terra com todos os seus ecossistemas e vivermos a compaixão para com os sofredores da natureza e da humanidade.

TERCEIRA PARTE

Ecologia

1

A Terra, o grande pobre que clama por libertação

A Teologia da Libertação, nascida no final dos anos de 1960, conheceu muitos desdobramentos. Ela vive deste contraponto: opressão/libertação.

Em qualquer parte do mundo em que ocorrer qualquer tipo de opressão, para um espírito humanitário e *a fortiori* para um cristão, vale engajar-se pela libertação daquele oprimido. Inicialmente eram os oprimidos do mundo do trabalho, explorados e empobrecidos por causa dos baixos salários; era uma opressão concreta e sofrida. Em seguida se descobriu o mundo dos afrodescendentes, vítimas de discriminação pela cor de sua pele e de um abandono clamoroso, pois, após a Abolição da Escravatura em 1888, não receberam qualquer compensação (terra, casa, instrumentos de trabalho); eles que construíram quase tudo o que se edificou no tempo da Colônia. Foram jogados à sua própria sorte, vivendo nas periferias e nas favelas. Depois irromperam os indígenas, sobreviventes de um genocídio de 500 anos; foram negadas suas terras, desprezados em suas culturas e ridicularizados em suas tradições culturais e religiosas. Cedo, as próprias mulheres se levantaram contra o patriarcalismo e o machismo que as tornaram invisíveis e submetidas pelos homens à força, já há mais de dez mil anos. Ultimamente foram conscientizadas as opressões e discriminações que sofrem os homoafetivos e todos os portadores de necessidades especiais. Por fim, ao crescer a consciência de que a Terra comparece como um superente vivo que se autorregula, gerador de todas as formas de vida e que há séculos vem sendo explorada em todos os seus bens naturais a ponto de perder parte de sua vitalidade e integridade, incapaz de repor o que lhe é tirado violentamente, o Planeta Terra tornou-se uma das mais desafiadoras temáticas da Teologia da Libertação. Descobriu-se a Terra como o grande pobre, Terra crucificada que grita por ressurreição.

Se a marca registrada da Teologia da Libertação é a opção pelos pobres contra a pobreza e por sua justiça, então a própria Terra, em primeiro lugar, deve ser incluída nesta opção. Sem libertarmos a Terra subtraímos a base real para qualquer outro tipo de libertação.

Para todos ficou claro: a mesma lógica que explora o trabalhador explora as classes, explora os países, explora também a Mãe Terra.

Temos a ver com um imenso processo de opressão, avassalamento e devastação de tudo o que vive, em função da acumulação privada de elites que se apoderaram do poder econômico, social, político e cultural para realizar o propósito de um enriquecimento ilimitado, sem qualquer sentido ético de respeito e de equidade social.

Foi nesse contexto que a Teologia da Libertação abriu uma nova frente de pensamento e de luta: uma Ecoteologia da Libertação (BOFF, L. *Ecologia: grito da Terra – grito dos pobres*, 2002). Lentamente cresce a consciência coletiva de que a Terra chegou à sua fronteira de suportabilidade, o que se manifesta pelo desequilíbrio dos climas, pelos assim chamados eventos extremos – grandes friagens por um lado e longas estiagens por outro –, tufões e tsunamis devastadores e a ativação de quase todos os vulcões. Definitivamente a Terra entrou num processo de caos destrutivo, fazendo que este caos seja criativo de uma nova ordem que lhe permite manter-se viva e continuar a nos dar tudo o que precisamos para viver.

Os cientistas nos asseguram que na proporção de 90% do aquecimento global, com os transtornos que causam, são de origem antropogênica; vale dizer, é resultado de uma relação agressiva e irresponsável do ser humano para com o seu habitat natural, a única Casa Comum que temos para habitar. Criamos o que vem sendo chamado de *antropoceno,* uma nova era geológica, caracterizada pela alta destrutividade que as intervenções humanas ocasionam sobre o sistema-vida e o sistema-Terra. Nós somos o meteoro rasante que devasta a própria morada; não mais, como em outras eras, os meteoros que vinham do espaço exterior (BOFF, L. *Cuidar da Terra, proteger a vida – Como evitar o fim do mundo,* 2010).

Estamos acelerando a sexta extinção em massa, que já está ocorrendo há séculos por força da própria geofísica da Terra. Agora, pela sistemática guerra que os seres humanos travam contra Gaia, estamos lhe dando mais velocidade, ao destruir anualmente cerca de 70 a 100 mil seres vivos que desaparecem definitivamente da biosfera depois de viverem por aqui por milhões e milhões de anos. Efetivamente nos fizemos o satã da Terra e traímos nossa vocação de ser seus guardiães e cuidadores.

O renomado cosmólogo Brian Swimme, autor, junto com Thomas Berry, de uma das mais brilhantes narrativas da história do universo (*The Universe Story*. Nova York, 1992) foi perguntado o que poderíamos fazer diante desse processo irrefreável de destruição em massa. Ele respondeu: "O universo já vem, há tempos, fazendo a sua parte para deter o desastre; mas nós temos que fazer a nossa. E o faremos mediante o despertar de uma nova consciência cosmológica, vale dizer, ajustarmos nossas condutas à lógica do universo. Mas não estamos fazendo o suficiente". A lógica do universo não se rege pela competição, mas pela interdependência entre todos e pela cooperação geral. Essa conectividade faz com que todos se entreajudem mutuamente para que todos possam subsistir, coevoluir e levar avante o processo cosmogênico.

Ocorre que nós nos organizamos ao redor do triunfo do mais forte, daquele que se avantaja sobre os demais pela competição e que rompe os laços de solidariedade e de cooperação com seus semelhantes e com os demais seres da natureza. O ser humano, desenraizado e solitário, cercado de mil aparatos e de fartas rendas monetárias, facilmente sucumbe à solidão e à depressão. Conduz uma vida alienada da lógica natural das coisas e do universo, e por isso, só e abandonado, perde o sentido da existência e leva uma vida errante de prazer em prazer, sem encontrar uma plenitude que o satisfaça nem um horizonte de esperança.

Brian Swimme acena com sua resposta para uma nova consciência que assume a responsabilidade de ajustar nossas condutas à lógica do universo e responder aos apelos que nos vem do assim chamado "princípio cosmogênico". Este é o que estrutura a expansão e a autocriação do universo com todos os seus seres inertes e vivos. Ele se manifesta pelas seguintes características: diferenciação, complexificação, interdependência de todos com todos e interiorização.

Em palavras mais simples: quanto mais o universo se expande, mais se enrola sobre si mesmo, vale dizer, se complexifica; quanto mais se complexifica, mais ganha interiozação e subjetividade (cada ser tem seu modo próprio de se relacionar e fazer a sua história), e quanto mais ganha interiorização e subjetividade, mais os seres estreitam suas interdependências e entram em comunhão entre si no quadro de um pertencimento a um grande Todo.

Comentam Berry e Swimme: "Se não tivesse havido a diferenciação (a complexidade), o universo ter-se-ia fundido numa massa homogênea; se não tivesse havido interiorização, o universo ter-se-ia tornado uma extensão inerte e morta: se não tivesse havido a interdependência (a comunhão) o universo ter-se-ia transformado num número de eventos isolados".

Os teólogos da libertação, em quarenta anos de reflexão, estão tentando explorar as dimensões econômicas, sociais, antropológicas e espirituais da libertação como resposta às opressões específicas elencadas antes. Face à crise ecológica generalizada eles se esforçam por incorporar essa visão cosmológica e cada vez mais inclusiva pelas redes de relações. Estas nos obrigam a quebrar o paradigma convencional com o qual a teologia escolar organizava as reflexões, ligadas ainda à cosmologia mecanicista e estática. A metáfora era uma pirâmide em cujo topo se encontrava Deus (BOFF, L. *Opção Terra – A solução para Terra não cai do céu*, 2009).

A nova cosmologia vê diferentemente o universo, como um processo incomensurável de evolução/expansão/criação, envolvendo tudo o que se passa em seu interior, também a consciência e a sociedade. A metáfora dessa cosmologia é a dança na qual todos estão envolvidos ou um jogo em cuja arena todos participam.

Em termos do princípio cosmológico, libertação pessoal significa libertar-se de amarras para sentir-se em comunhão com todos os seres e com o universo, fenômeno que os budistas chamam de *iluminação* (*satori*), uma experiência de não dualidade e que São Francisco viveu no sentido de uma irmandade aberta com todos os seres da criação.

Em termos sociais, a libertação, à luz do princípio cosmogênico, é a criação de uma sociedade sem opressões degradantes na qual as diversidades são valorizadas e expandidas (de gênero, de culturas e caminhos espirituais) e os conflitos são resolvidos pelo diálogo, pela negociação, pela estratégia do ganha-ganha, sem o recurso da violência. Isso implica deixar para trás a monocultura do pensamento único na política, na economia e na teologia oficial. Esse é o principal fator de opressão e de homogeneização.

A libertação também requer um aprofundamento da interioridade. O ser humano já não se satisfaz com o mero consumo de bens materiais; demanda valores ligados à criatividade, às artes, à meditação e à comunhão com a Mãe Terra e com o universo. A libertação resulta do reforço da "matriz relacional", especialmente com aqueles que sofrem injustiças e são excluídos. Essa matriz nos faz sentir membros da comunidade de vida e filhos e filhas da Mãe Terra, que em nós sente, ama, cuida e se preocupa com o futuro comum.

Por fim, a libertação na perspectiva cosmogênica demanda uma nova consciência de entrelaçamento e de responsabilidade universal. Somos chamados a reinventar nossa espécie, como o fizemos no passado nas várias crises pelas quais passamos. Agora ela é urgente porque não dispomos de muita sabedoria nem de muito tempo para implementar as mudanças necessárias. Devemos estar à altura dos desafios da atual crise da Terra, que nos purificará para um salto de qualidade rumo a um patamar mais elevado de civilização ou nos empurrará na direção de um abismo.

2

A urgência de enfrentar a sexta extinção em massa

Referimo-nos anteriormente ao fato de o ser humano, nos últimos tempos, ter inaugurado uma nova era geológica – o antropoceno –, era em que ele comparece como a grande ameaça à biosfera e o eventual exterminador de sua própria civilização.

Há muito tempo biólogos e cosmólogos estão advertindo a humanidade de que o nível de nossa agressiva intervenção nos processos naturais está subtraindo da Terra sua capacidade de regulação e pode nos conduzir a um grave desastre socioambiental, um verdadeiro *armagedon* ecológico. As extinções – a Terra conheceu 15 de grandes proporções – misteriosamente pertencem ao processo cosmogênico da Terra. Só nos últimos 540 milhões de anos ela conheceu cinco grandes extinções em massa, praticamente uma em cada cem milhões de anos, exterminando misteriosamente grande parte da vida no mar e na terra. A última ocorreu há 65 milhões de anos, quando foram dizimados os dinossauros, depois de viverem por mais de cem milhões de anos sobre o nosso planeta.

Até agora todas as extinções eram ocasionadas pelas forças do próprio universo e da Terra, a exemplo da queda de meteoros rasantes ou de convulsões climáticas. A sexta está sendo acelerada pelo próprio ser humano por causa da perda de habitat das espécies para cidades, agricultura e pecuária; pela poluição da água (afluentes domésticos e industriais), do solo (agrotóxicos) e do ar (fumaças de queimadas e combustão de carros e indústrias); mudanças climáticas, entre outros. Sem a presença humana uma espécie desaparecia a cada cinco anos. Agora, por causa de nossa agressividade industrialista e consumista, multiplicamos a extinção em cem mil vezes, diz-nos o cosmólogo Brian Swimme em entrevista no *EnlightenNext Magazine,* 19, 2013. Os dados são estarrecedores:

Paul Ehrlich, professor de Ecologia na Universidade de Standford, calcula em 250.000 espécies exterminadas por ano, enquanto Edward O. Wilson, de Harvard, dá números menores: entre 27.000 e 100.000 espécies por ano (BARBAULT, R. *Ecologia geral,* 2011, p. 318).

O ecólogo E. Goldsmith, da Universidade da Geórgia, afirma que a humanidade, ao tornar o mundo cada vez mais empobrecido, degradado e menos capaz de sustentar a vida, tem revertido em três milhões de anos o processo da evolução. O pior é que não nos damos conta de nossa prática devastadora nem estamos preparados para avaliar o que significa uma extinção em massa. Ela significa simplesmente a destruição das bases ecológicas que sustentam a vida na Terra e a eventual interrupção de nosso ensaio civilizatório e quiçá até de nossa própria espécie. Thomas Berry, o pai da ecologia americana, escreveu: "Nossas tradições éticas sabem lidar com o suicídio, o homicídio e mesmo com o genocídio, mas não sabem lidar com o biocídio e o geocídio" (*Our Way into the Future,* 1990, p. 104).

Podemos desacelerar a sexta extinção em massa, já que somos seus principais causadores? Podemos e devemos.

Um bom sinal é que estamos despertando a consciência de nossas origens há 13,7 bilhões de anos e de nossa responsabilidade pelo futuro da vida. É o universo que suscita tudo isso em nós porque é perpassado de inteligência e de propósito e porque está a nosso favor, e não contra nós. Mas ele pede a nossa cooperação, já que somos os maiores causadores de tantos danos. Agora é hora de despertar, enquanto há tempo.

O primeiro passo que importa dar é renovar o contrato natural entre Terra e humanidade, coisa que já abordamos em outra parte deste livro. A Terra nos dá tudo o que precisamos. No contrato natural, nossa retribuição deve ser o cuidado e o respeito pelos limites da Terra. Mas, ingratos, lhe devolvemos com práticas ecocidas e biocidas.

O segundo passo reside em reforçar a reciprocidade ou a mutualidade: se recebemos tantos benefícios, sentimos a obrigação de retribuir esses dons de forma que surja realmente uma reciprocidade. A melhor forma de fazê-lo é buscar aquela relação pela qual entramos em sintonia com os dinamismos dos ecossistemas, usando-os racionalmente, devolvendo-lhes a vitalidade e garantindo-lhes sustentabilidade. Isso significa ressuscitar a ancestral economia do dom. Para isso necessitamos da gratidão e da generosidade. Como vivemos submetidos ao individualismo e à lógica da competição de uns contra os outros, é urgente nos reinventar como espécie que se preocupa com as demais espécies e aprende a conviver gratuitamente com toda a comunidade de vida.

Devemos ser mais cooperativos do que competitivos, ter mais cuidado do que vontade de dominação, reconhecendo e respeitando o valor intrínseco de cada ser.

O terceiro passo é viver a compaixão não só entre os humanos, mas para com todos os seres; compaixão como forma de amor e de cuidado. A partir de agora eles dependem de nós se vão continuar a viver ou se serão condenados a desaparecer. Precisamos deixar para trás o paradigma do submetimento, que reforça a extinção em massa, e começar a viver aquele do cuidado e do respeito, que preserva e prolonga a vida.

Em pleno antropoceno urge inaugurar a era ecozoica, que coloca o ecológico no centro. Colocar o ecológico como eixo estruturador de tudo implica relacionar todas as realidades entre si, combinar todos os saberes e orientá-los, não para ganhos do mercado, mas para a sustentação de toda a vida. Só assim há esperança de salvar nossa civilização e de permitir a continuidade de nosso planeta vivo.

3

Pode a Mãe Terra não nos querer mais aqui?

Biólogos e outros cientistas que acompanham o estado da Terra constatam que de ano a ano todos os itens importantes para a sustentação da vida (água potável, solos, sementes, fibras, fertilidade e outros) estão se degradando. A causa principal é a descuidada intervenção humana nos ritmos da natureza com o propósito de acumulação ilimitada e absurda, pois destrói as bases que permitem a continuidade da vida.

Há negacionistas da *Shoah* (eliminação de milhões de judeus nos campos nazistas de extermínio) e há negacionistas das mudanças climáticas da Terra. Os primeiros recebem o desdém de toda a humanidade. Os segundos, que até há pouco sorriam cinicamente, agora veem dia a dia suas convicções sendo refutadas pelos fatos inegáveis dos desequilíbrios que ocorrem cada vez com mais frequência em toda a Terra. Só se mantêm coagindo cientistas para não dizerem tudo o que sabem, como foi denunciado por diferentes e sérios meios alternativos de informação. É a razão ensandecida que busca a acumulação de riqueza sem considerar os efeitos prejudiciais sobre a natureza e a sociedade.

Em tempos recentes conhecemos eventos extremos da maior gravidade: os furacões Karina e Sandy nos Estados Unidos, vendavais aterrorizantes no Paquistão e em Bangladesh, o tsunami no sudeste da Ásia e o tufão no Japão que perigosamente danificou as usinas nucleares em Fukushima e ultimamente o avassalador ciclone Haiyan nas Filipinas, com milhares de vítimas.

Sabe-se hoje que a temperatura do Pacífico tropical, de onde se originam os principais vendavais, ficava normalmente abaixo de 19,2°C. Já há muitos anos as águas marítimas foram se aquecendo a ponto de, a partir de 1976, ficarem por volta de 25°C, e a partir de 1997/1998 alcançaram 30°C.

Tal fato produz grande evaporação de água. Os eventos extremos ocorrem a partir de 26ªC. Com o aquecimento, os tufões estão acontecendo mais frequentemente e com maior velocidade. Em 1951 esta era de 240km/h; em 1960-1980 subiu para 275km/h; em 2006 chegou a 306km/h, e em 2013 ascendeu aos terrificantes 380km/h.

Nos últimos meses de 2013 vários relatórios oficiais de organismos ligados à ONU lançaram veemente alerta sobre as graves consequências do crescente aquecimento global. Com 90% de certeza ele é consequência da atividade irresponsável dos seres humanos e dos países industrializados.

Em setembro daquele ano o IPCC (Painel Intergovernamental das Mudanças Climáticas), que articula mais de mil cientistas, o confirmou; o mesmo o fez o Programa do Meio Ambiente da ONU (Pnuma); em seguida o Relatório Internacional do Estado dos Oceanos, denunciando o aumento da acidez, que por isso absorve menos CO_2; finalmente, em 13 de novembro de 2013 em Genebra, a Organização Meteorológica Mundial trouxe dados que também comprovam a elevação do aquecimento global.

A grande maioria da comunidade científica não tem dúvidas de que já estamos bem dentro do aquecimento global. Se nos inícios da revolução industrial o CO_2 era de 280ppm (parte de um milhão), em 1990 elevou-se para 350ppm e atualmente chegou a 450ppm. No ano de 2013 noticiou-se que em alguns lugares do planeta já se rompeu a barreira dos 2°C, o que pode acarretar danos irreversíveis para os seres vivos.

Em novembro de 2013 em Varsóvia, a secretária executiva da Convenção do Clima da ONU, Christina Figueres, em plena entrevista coletiva, desatou em choro incontido ao denunciar que os países quase nada fazem para a adaptação e a mitigação do aquecimento global.

Yeb Sano das Filipinas, na 19ª Convenção do Clima em Varsóvia, ocorrida nos dias 11-22 de novembro de 2013, chorou diante de representantes de 190 países, testemunhando o horror do tufão que dizimou seu país, atingindo sua própria família. A maioria não pôde conter as lágrimas, mas para muitos eram lágrimas de crocodilo.

Os representantes dos povos já trazem no bolso as instruções previamente tomadas por seus governos e os grandes dificultam por muitos modos qualquer consenso. Lá também estão os donos do poder no mundo, donos das minas de carvão, muitos acionistas de petrolíferas ou de siderurgias movidas a carvão, as montadoras e outros. Todos querem que tudo continue como está para beneficiar seus interesses. É o que de pior nos pode acontecer, porque assim o caminho para o abismo se torna mais direto e fatal. Por que essa irracional oposição?

Vamos direto à questão central: esse caos ecológico é tributado ao nosso modo de produção, que devasta a natureza e alimenta a cultura do consumismo ilimitado. Ou mudamos nosso paradigma de relação para com a Terra e para com os bens e serviços naturais ou vamos irrefreavelmente ao encontro do pior.

O paradigma vigente, já nos cansamos de repetir, é regido por esta lógica: *quanto posso ganhar com o menor investimento possível, no mais curto espaço de tempo, com inovação tecnológica e com maior força competitiva*? A produção visa o puro e simples consumo, que gera a acumulação, pois este é o objetivo principal.

A devastação da natureza e o empobrecimento dos ecossistemas aí implicados são tidos pelas grandes empresas como meras externalidades (não entram na contabilidade empresarial porque consideram os bens naturais gratuitamente disponíveis). Como a economia neoliberal se rege estritamente pela competição e não pela cooperação, estabelece-se uma guerra de mercados, de todos contra todos. Quem paga a conta são os seres humanos (injustiça social) e a natureza (injustiça ecológica).

Ocorre que a Terra não aguenta mais esse tipo de guerra contra ela. Ela precisa de repouso para se refazer, pois atualmente ela necessita de um ano e meio para repor o que lhe arrancamos durante um ano. O aquecimento global é a sua febre, denunciando que ela está doente, gravemente doente.

Ou começamos a nos sentir parte da natureza, e assim a respeitemos como respeitamos a nós mesmos, ou, melhor ainda, passamos do paradigma da conquista e da dominação ainda dominante (paradigma do império) para aquele do cuidado e da convivência (paradigma comunidade da Terra) e produzimos respeitando os ritmos naturais e dentro dos limites de cada ecossistema, ou então nos preparemos para as amargas lições que a Mãe Terra nos dará.

Não é excluída a possibilidade de que ela já não nos queira mais sobre sua face e se liberte de nós como nos libertamos de uma célula cancerígena. Ela continuará, empobrecida em sua biodiversidade, mas sem a presença do ser humano. Que o Criador e Sustentador do universo e de cada ser não permita semelhante e trágico destino.

4

Sustentabilidade: tentativa de definição globalizante

Hoje há um conflito sobre as várias compreensões do que seja sustentabilidade (cf. BOFF, L. *Sustentabilidade: o que é o que não é*, 2012). Clássica é a definição da ONU, do Relatório Brundtland (1987): *"Desenvolvimento sustentável é aquele que atende às necessidades das gerações atuais sem comprometer a capacidade das gerações futuras de atenderem às suas necessidades e aspirações"*.

Este conceito é correto, mas possui duas limitações: é antropocêntrico (só considera o ser humano) e nada diz sobre a comunidade de vida (outros seres vivos que também usam a biosfera e por isso precisam de sustentabilidade).

Proponho uma formulação o mais integradora possível: *Sustentabilidade é toda ação destinada a manter as condições energéticas, informacionais, físico-químicas que sustentam todos os seres, especialmente a Terra viva, a comunidade de vida e a vida humana, visando a sua continuidade e ainda atender às necessidades das gerações presentes e futuras, de tal forma que os bens e serviços naturais sejam mantidos e enriquecidos em sua capacidade de regeneração, reprodução, e coevolução.*

Expliquemos os termos desta compreensão holística:

Sustentar todas as condições necessárias para a existência dos seres. Estes só existem a partir da conjugação das energias, dos elementos físico-químicos e informacionais que, combinados entre si, dão origem a tudo.

Sustentar todos os seres. Aqui se trata de superar radicalmente o antropocentrismo. Todos os seres constituem emergências do processo de evolução e gozam de valor intrínseco, independente do uso humano.

Sustentar a Terra viva. A Terra é mais do que uma "coisa" (*res extensa*), sem inteligência ou um mero meio de produção. Ela não tem apenas vida. Ela mesma é viva, se autorregula, se regenera e evolui. Se não garantirmos a sustentabilidade da Terra viva, chamada Gaia, tiraremos a base para todas as demais formas de sustentabilidade.

Sustentar a comunidade de vida. O meio ambiente não existe como algo secundário e periférico. Nós não existimos, mas coexistimos, sendo todos interdependentes. Todos os seres vivos são portadores do mesmo alfabeto genético básico e por isso há um laço de parentesco entre todos, que formam a rede de vida, incluindo os micro-organismos. Esta rede cria os biomas e a biodiversidade e é necessária para a subsistência de nossa vida neste planeta.

Sustentar a vida humana. Somos um elo singular da rede da vida, o ser mais complexo de nosso sistema solar e a ponta avançada do processo evolutivo por nós conhecido, pois somos portadores de consciência, de sensibilidade e de inteligência. Sentimos que nossa missão no conjunto dos seres é a de sermos os guardiães e cuidadores da Mãe Terra, garantindo a continuidade da civilização e mantendo sob vigilância nossa capacidade destrutiva.

Sustentar a continuidade do processo evolutivo. Os seres são conservados e suportados pela Energia de Fundo ou a Fonte Originária de todo o Ser. O universo possui um fim em si mesmo, pelo simples fato de existir, de continuar se expandindo e se autocriando, e no nível humano manifestando sentido, valor e criatividade. Sobre o significado último da existência do universo talvez somente uma razão teológica poderá oferecer alguma luz, pois ela trabalha com as questões últimas e com o Sentido de todos os sentidos.

Sustentar o atendimento das necessidades humanas. Fazemo-lo através do uso racional e cuidadoso dos bens e serviços que o cosmos e a Terra nos oferecem, sem o que sucumbiríamos.

Sustentar a nossa geração e aquelas que se seguirão à nossa. A Terra é suficiente para cada geração, desde que esta estabeleça uma relação de sinergia e de cooperação com ela e se distribuam os bens e serviços com equidade. O uso desses bens deve se reger pela solidariedade generacional e pela sobriedade compartilhada. As futuras gerações têm o direito de herdar uma Terra e uma natureza preservadas e até enriquecidas por nós.

A sustentabilidade se mede pela capacidade de conservar os bens e serviços naturais, permitir que se refaçam e ainda, pelo gênio humano, possam ser enriquecidos para as futuras gerações.

Esse conceito ampliado e integrador de sustentabilidade deve servir de critério para avaliar o quanto temos progredido ou não em relação a ela e nos deve igualmente servir de inspiração ou de ideia geradora para realizá-la nos vários campos da atividade humana. Sem isso a sustentabilidade decai para matéria de *marketing* empresarial e será pura retórica sem conteúdo consistente e consequente.

5

Cinco "erres" contra o consumismo e pela sustentabilidade

A fome é uma constante em todas as sociedades históricas. Hoje, entretanto, ela assume dimensões perversas e simplesmente cruéis. Revela uma humanidade que mergulhou numa globalização mercantil cínica, incapaz de chorar sobre a paixão dolorosa dos sofredores deste mundo, como comenta o Papa Francisco, e perdeu as virtudes humanitárias mais elementares: a compaixão, a solidariedade e a piedade.

Erradicar a fome é um imperativo humanístico: ético, social e ambiental. Um *novo padrão de consumo* constitui uma pré-condição, a mais imediata e possível, a ser posta imediatamente em prática. Ele reforça a sustentabilidade de todo o sistema-vida e o sistema natural.

A sociedade dominante é notoriamente consumista, expressando uma cultura de consumo. Esta é tida como o padrão pelo qual se mede o desenvolvimento de um país e o grau de seu desenvolvimento. Mas se trata de um consumo privado, sem autolimite, pois este é um dos objetivos da própria sociedade e da vida das pessoas: consumir por consumir, sem se dar conta do que isso custa ao Planeta Terra: às águas, aos solos, aos ares, bem como a perda da vitalidade dos ecossistemas.

Consumimos não apenas o necessário, o que é justificável, mas o supérfluo, o que é dispensável. Esse consumismo só é possível porque as políticas econômicas que produzem os bens supérfluos são continuamente alimentadas, apoiadas e justificadas por uma máquina feroz de propaganda e *marketing* que funciona 24 horas por dia.

Até canais religiosos de televisão, católicos e evangélicos, vendem boa parte de seu tempo para a mercantilização de produtos, geralmente finos; joias e antiguidades que só interessam às elites consumidoras, mas não ao povo, carente de quase tudo. Grande parte da produção se destina a gerar o que, na realidade, não precisamos para viver decentemente.

Como se trata do supérfluo, recorrem-se a sutis mecanismos de propaganda, de *marketing* e de persuasão para induzir as pessoas ao consumo e fazê-las crer que o supérfluo se tornou necessário e fonte secreta de felicidade.

O fundamental para esse tipo de *marketing* é criar hábitos nos consumidores a tal ponto que se crie neles uma necessidade imperiosa de consumir. Mais e mais se suscitam necessidades artificiais e o desejo de possuí-las. Em função desse desejo monta-se a engrenagem da produção e da distribuição.

Sabemos que a capacidade de desejar é ilimitada. Por isso, por mais que se assuma a cultura do consumo, nunca os desejos serão totalmente satisfeitos. Surge então uma sociedade, já denunciada por Marx, marcada por fetiches, abarrotada de bens supérfluos, pontilhada de *shoppings* – verdadeiros santuários de consumo, com altares cheios de ídolos milagreiros, mas ídolos – e, no termo, uma sociedade insatisfeita e vazia porque nada a sacia.

A razão reside no fato de que o ser humano é um projeto infinito. Não só tem fome de pão, que é saciável, mas de transcendência, de comunicação, de beleza – como o disse com propriedade o poeta cubano Retamar –, que é insaciável. Só que tais bens não se encontram nos mercados, não se vendem nem se compram. Seu lugar é o coração, onde estão os segredos da felicidade humana. Vivem da gratuidade, do desinteresse e do amor.

Pelo fato de que esta dimensão não é considerada pela sociedade de mercado, coloca-se todo o peso nos bens materiais para um consumo crescente e nervoso, sem sabermos até quando a Terra finita aguentará essa exploração infinita de seus bens e serviços, de suas bondades, como costumam falar os povos originários.

Não causa espanto o fato de os chefes de Estado conclamarem a população para consumirem mais e mais, e assim salvarem a economia em crise, lógico, à custa da sustentabilidade do planeta e de seus ecossistemas. Contra isso cabe recordar as palavras sábias do ainda jovem político norte-americano Robert Kennedy, em 18 de março de 1968: "Não encontraremos um ideal para a nação nem uma satisfação pessoal na mera acumulação e no mero consumo de bens materiais. O PIB não contempla a beleza de nossa poesia nem a solidez dos valores familiares, não mede nossa argúcia nem a nossa coragem nem a nossa compaixão nem a nossa devoção à pátria. Mede tudo, menos aquilo que torna a vida verdadeiramente digna de ser vivida".

Três meses depois foi assassinado. Seguramente porque esta mensagem não era funcional ao sistema comercial de mercado e contradizia toda a lógica do sistema imperante. Um presidente que assim pensa – ele era *o* candidato para tal cargo – representa grande perigo para o funcionamento da máquina produtivista e consumista.

Para enfrentar o consumismo urge sermos conscientemente anticultura vigente. Devemos nos comparar ao peixe de piracema, que nada contra a corrente até chegar à fonte, para aí desovar e permitir que a vida se multiplique e continue. Vale dizer, devemos optar por ser antissistema, não acolhendo suas artimanhas enganadoras que visam o bolso das pessoas e não o seu coração.

É imperioso incorporar à nossa vida cotidiana os cinco "erres" principais: *reduzir* os objetos de consumo; *reutilizar* os que já foram usados; *reparar* os que foram danificados; *reciclar* os produtos, dando-lhes outro fim; e, finalmente, *rejeitar* decididamente o que é oferecido pelo *marketing* com fúria ou sutilmente para ser consumido.

Sem esse espírito de rebeldia consciente e consequente contra todo tipo de manipulação do desejo e com a vontade de seguir outros caminhos ditados pela moderação (pela justa medida, pela sobriedade compartida e pelo consumo responsável e solidário) corremos o risco de cair nas insídias do consumismo, aumentando o número de famintos e empobrecendo ainda mais o planeta já devastado.

Esse comportamento cria a base para um novo tipo de relação para com os bens, para com a natureza e principalmente para com os necessitados, que são a grande parte feita invisível pelo sistema dominante, porque sua presença refuta os valores e princípios da cultura consumista, materialista e antivida.

6

O respeito: fundamento da ética, dos direitos humanos e da natureza

Uma das grandes características de nossa cultura – responsável, em grande parte, pela violência na sociedade, nas famílias, nas escolas e nas ruas – é seguramente a falta de respeito.

Mas o que significa respeito? É reconhecer o outro enquanto outro, em sua alteridade e diferença, e perceber seu valor em si mesmo.

Reconhecer o outro como outro representa um desafio imenso para cada pessoa e para as sociedades. O outro não é apenas aquele que está a meu lado. É todo e qualquer outro, um não eu, um nordestino, um asiático, um indígena yanomami ou mesmo uma árvore, um animal, uma paisagem, todo um ecossistema. *Todos são outros* que surgem diante de mim.

O primeiro outro, mais imediato, pois estamos imersos nele, é *a natureza*, o mundo *circundante*, aquilo que chamamos de meio ambiente. Na história, muitos foram os tipos de relação com a natureza, uns mais respeitosos e cooperativos, outros mais agressivos e utilitaristas. O certo é que a partir do momento em que surgiu o *homo habilis*, há cerca de 2,3 milhões de anos, inventando instrumentos, deu-se início à intervenção na natureza, com a utilização da força e da agressão. Com essa intervenção irrompeu-se a falta de respeito e a negação da alteridade da natureza. Ou mesmo começou-se a entendê-la e manejá-la tão somente como algo a ser usado, útil para nossas necessidades, normalmente sem considerar o valor que ela tem em si mesma, independentemente de nossa utilização. Em outras palavras, ela possui um valor intrínseco e tem o direito de estar aí e de continuar viva, exuberante e variegada como é. Acolher a natureza dessa forma é respeitá-la com seus ritmos e ciclos, com seus limites e suas potencialidades.

Não tratar a natureza com respeito é o grande vício do antropocentrismo, já criticado por nós, mas vastamente imperante em quase todas as culturas mundiais, exceto nas culturas indígenas. Nestas se vive uma profunda comunhão com a comunidade de vida e um respeito sagrado diante de cada ser.

O antropocentrismo pretende fazer-nos crer que todos os seres só têm sentido na medida em que se ordenam ao ser humano, que pode dispor deles a seu bel-prazer. A isso devemos contrapor este fato: quando 99,98% da história da Terra estavam concluídos surgiu no cenário da evolução o ser humano; portanto, a natureza não precisou dele para organizar sua imensa complexidade e biodiversidade. O correto seria o ser humano entender-se em comunhão com a comunidade de vida anterior, como um elo da imensa cadeia da vida; elo singular porque ético, consciente e responsável.

O respeito implica reconhecer que a maioria dos seres vivos, desde as águias (150 milhões de anos) e os cães (trinta milhões de anos) são mais velhos do que nós e que, com mais razão, merecem existir e coexistir conosco. Respeitando-os, impomos limite à nossa autocentração e à nossa prepotência. Lamentavelmente esse limite foi quase sempre violado ao longo da história.

Edward Wilson, conhecido pesquisador da biodiversidade, fazendo um balanço da relação de respeito/desrespeito do ser humano para com a natureza, conclui pesarosamente: *"O ser humano transformou o Éden num matadouro e o Paraíso ocupado num paraíso perdido. Ele, até hoje, vem desempenhando o papel de um assassino planetário, preocupado apenas com sua própria sobrevivência a curto prazo; já sacrificamos boa parte da biosfera; a ética da conservação, na forma de tabu, de totemismo ou de ciência, quase sempre chegou tarde demais"* (WILSON. *O futuro da vida*, 2002, p. 121).

Hoje chegamos a um ponto intransponível. Devemos resgatar a atitude de respeito como limite à nossa voracidade de consumir e à nossa capacidade de destruição. Tal respeito é condição para a preservação da natureza e para a nossa própria sobrevivência.

Depois da natureza, o outro mais próximo é *o ser humano*, por autonomásia chamado de próximo, surgido há sete milhões de anos, e como *sapiens* há cerca de 90-100 mil anos, portador de consciência, de dignidade e um fim em si mesmo. Diante dele devemos parar com reverência e respeito, pois cada um é único no mundo, condensação da evolução e revelação de Deus. Nenhum fim ou propósito político, cultural ou religioso é superior em dignidade ao ser humano. Ele jamais pode ser usado e degradado a meio, seja como meio de produção, meio para a guerra ou meio para experimentação científica.

Com o ser humano o processo de evolução alcança certa culminância, a mais complexa e alta até hoje conhecida. A partir de agora a evolução só se fará com a interação e a intervenção do ser humano livre e criador, para o bem ou para o mal.

A escandalosa violação dos direitos humanos, praticamente em todas as partes, remete-nos à falta do respeito. Sem este, predomina o interesse do mais forte, o direito é substituído pela força e as pessoas são atropeladas e reduzidas a coisas descartáveis, como faz o sistema do capital com os desempregados. Para tentar enganar a consciência que sempre se faz ouvir, os violadores e torturadores têm que reduzir o outro a um objeto, a uma coisa, a um elemento. Podem chamá-lo de comunista, de subversivo, de terrorista... para justificarem o uso da violência. Em outras palavras, procura-se subtrair o estatuto de ser humano ao que vai sofrer violência, para assim mais facilmente cometer o desrespeito.

Conta-se que durante o conflito nos países balcânicos, desmembrados da ex-Iugoslávia, os sérvios cortavam os órgãos genitais dos prisioneiros prestes a serem torturados, para assim ilusoriamente lhes tirarem o estatuto de homens (simbolizado pelo pênis). Não sendo mais plenamente homens podiam ser torturados sem desrespeitar, segundo eles, os direitos humanos.

Foi pensando nessa eminente dignidade que o Concílio Vaticano II (1962-1965) ensinou belamente: "Cada um respeite o próximo como 'outro eu', sem excetuar nenhum, levando em consideração antes de tudo a sua vida e os meios necessários para mantê-la dignamente" (*Gaudium et Spes*, 27). Mas ainda e com isso se alarga o espaço do respeito, que "deve se estender àqueles que em assuntos sociais, políticos e mesmo religiosos pensam e agem de maneira diferente da nossa" (*Gaudium et Spes*, 28).

Há, entretanto, um próximo que é o mais íntimo de todos, a *consciência pessoal*. Aqui tocamos no ponto mais sagrado de cada pessoa humana. Diante da consciência é imperativo o respeito incondicional. "Mesmo quando invencivelmente errônea, ela não perde sua dignidade [e por isso] persiste a exigência do respeito", dizia o mesmo concílio e o tem repetido inúmeras vezes o Papa Francisco (cf. *Gaudium et Spes*, 16 e 28; *Dignitatis Humanae*, 2).

Outra entidade que merece respeito é o Estado laico. Ser laico significa que o Estado deixa de ser confessional, quer dizer, um Estado que oficializou para si e para toda a população uma única confissão ou religião. Ser laico quer dizer que o Estado respeita todas as confissões, mantendo-se imparcial diante de cada uma delas. Essa imparcialidade não significa desconhecer o eventual valor espiritual e ético de uma confissão religiosa, sempre benéfica para o conjunto da sociedade. No entanto, por causa do respeito à consciência dos cidadãos, não privilegia nem opta por nenhuma delas.

Ele é o que garante o pluralismo religioso e o respeito às minorias. O Estado não é apenas laico, é também pluralista: acolhe as mais diferentes expressões religiosas e ideológicas, desde que elas mesmas respeitem a constituição e as leis que regem a sociedade.

Subjacente à laicidade há uma visão humanística, base da democracia: a igualdade fundamental de todos os seres humanos diante das normas que regem a convivência social. Junto com essa igualdade está o respeito incondicional e o valor de cada pessoa enquanto tal, independentemente de sua condição étnica, econômica e social, pois toda pessoa é portadora de dignidade e de direitos. Sem essa igualdade fundamental a "democracia" não passa de uma farsa, como ocorre em grande parte nos países marcados historicamente pelo colonialismo e pelo escravagismo. Em tais casos a democracia, mais do que uma realidade, é retórica; no máximo, de baixa intensidade.

Esta compreensão revela uma profunda fé no ser humano. Fé que não precisa ganhar uma expressão religiosa, mas que exige um comportamento de justiça e de equidade; numa palavra, de respeito incondicional.

A função do Estado laico, portanto, é manter o espaço aberto e o clima de liberdade de expressão para todas as confissões, só interferindo quando ferirem as leis oficialmente estabelecidas.

Como dizia Eugenio Scalfari, um conhecido intelectual italiano e ex-diretor do importante diário *La Repubblica*, com o qual o Papa Francisco em setembro de 2013 intercambiou cartas: *"Os que professam a laicidade não têm, por definição, nem um papa, nem um imperador nem um rei. Nem bispos nem bispos-condes. Têm, como senhores de si mesmos, a consciência. O sentido da própria responsabilidade. Os princípios da liberdade, igualdade e fraternidade como pontos cardeais de orientação. [...] Não somos nem relativistas e muito menos indiferentes. Sofremos com o débil, com o pobre, com o excluído... Fazemos próprio o Sermão da Montanha. Queremos a afirmação do bem contra os males, os tantos males que embrutecem o indivíduo em sua própria subsistência elementar, impedindo-lhe que emerja a própria consciência, os próprios direitos e os próprios deveres"* (SCALFARI, 2004, p. 4).

Ademais, o respeito implica atribuir também o valor aos outros seres, sejam vivos ou inertes. Cada ser vale por si mesmo porque existe, e ao existir expressa algo do Ser e daquela Fonte originária de energia e de virtualidades de onde todos os seres provêm e para onde retornam (Vácuo Quântico ou o Abismo alimentador de todo o ser). Numa perspectiva religiosa: cada ser expressa algo do próprio Criador.

A existência em si mesma de qualquer ser precisa de respeito por uma razão singular: ela se apresenta como um mistério que se impõe e que não pode ser manipulado pelos humanos. Ela é fonte inesgotável de admiração e de êxtase. Por que existe o ser e não o nada? Eis uma pergunta que persegue os filósofos desde tempos imemoriais. Ela dá origem à mística, ao encantamento e à contemplação.

O filósofo austríaco Ludwig Wittgenstein (1889-1951) dizia em seu *Tractatus logico-philosophicus*: "O místico não reside no *como* o mundo é, mas no *fato* de que o mundo seja" (6,44). Diante do místico e do mistério cabe o respeito e a veneração, que são os valores mais altos da experiência humana. Eles fundam o reino das excelências, dos fins, daquilo que vale por si mesmo e se impõem de forma irrecusável.

Cada ser, especialmente os vivos, são portadores dessa excelência, "independentemente da utilização que os humanos fazem deles" (I,1), como a *Carta da Terra* o expressa claramente. Ao captar os seres como valor sentimos surgir em nós o sentimento de cuidado e de responsabilidade em relação a eles, para que possam continuar a ser e a coevoluir.

O respeito e a veneração, o cuidado e a responsabilidade estão presentes, apesar das contradições, em todo o processo de hominização. As culturas mais originárias atestam a veneração face à majestade do universo e o respeito pela natureza e para cada um de seus representantes.

O budismo, que não se apresenta como uma fé, mas como uma sabedoria, como um caminho de vida em harmonia com todas as coisas e com o Todo, ensina a ter um profundo respeito para com cada ser, especialmente por aquele que sofre (compaixão). Desenvolveu um caminho de integração com todos os elementos da natureza (os ventos, as águas, os solos e os vários espaços) através do famoso *Fung-Shuy*, que envolve sempre o respeito e a acolhida generosa de todas as coisas e pessoas.

O hinduísmo, de forma semelhante, vive essa dimensão do respeito e da não violência (*ahimsa*) como um dos pontos basilares de sua experiência espiritual que encontrou em Tolstoi e em Gandhi uma de suas expressões modernas mais convincentes.

O cristianismo conhece a figura exemplar de São Francisco de Assis (1181-1226). Seu mais antigo biógrafo, Tomás de Celano (1229) narra: "Quem pode imaginar a alegria transbordante de seu espírito ao contemplar a beleza das flores e a variadíssima constituição de sua formosura, bem como a percepção da fragrância de seus aromas [...]. Quando encontrava flores pregava-lhes como se fossem dotadas de inteligência e as convidava a louvar o Senhor. Fazia-o com terníssima e comovedora candura; exortava à gratidão os trigais e os vinhedos, as pedras e as selvas, a planura dos campos e as correntes dos rios, a beleza das hortas, a terra, o fogo, o ar e o vento. Finalmente, dava o doce nome de irmãs e irmãos a todas as criaturas, de quem, por modo maravilhoso e de todos desconhecido, adivinhava os segredos, como quem goza já a liberdade e a glória dos filhos de Deus" (*1 Celano*, 81-82).

"Em consequência [continua o mesmo biógrafo], andava com respeito por sobre as pedras em atenção daquele [Cristo] que foi chamado de pedra angular; recolhia com respeito as lesmas para não serem pisadas; dava água doce às abelhas no inverno para não morrerem de frio e de fome (*2 Celano*, 165).

Aqui vemos um outro modo de habitar o mundo, junto com as coisas, convivendo com elas, e não sobre as coisas, dominando-as.

Arthur Schopenhauer (1788-1860) desenvolveu todo um projeto ético fundado no respeito e na compaixão face a todos os seres do universo.

Extremamente atual é a figura do médico, teólogo, grande concertista de Bach e humanista Albert Schweitzer (1875-1965). Ele elaborou grandiosa ética do respeito a todo o ser e à vida em todas as suas formas. Dada a relevância dessa ética para o futuro da Terra e da humanidade, convém que recolhamos suas reflexões e seus ensinamentos.

Albert Schweitzer era oriundo da Alsácia. Desde cedo apresentou traços de genialidade. Tornou-se famoso exegeta bíblico com vasta obra, especialmente sobre questões ligadas à possibilidade ou não de se fazer uma biografia científica de Jesus. Também era um exímio organista e concertista das obras de Bach.

Em consequência de seus estudos sobre a mensagem de Jesus, especialmente do Sermão da Montanha, com sua centralidade no pobre e no oprimido, resolveu abandonar tudo e estudar medicina. Em 1913 foi para a África como médico em Lambarene, no Gabão, exatamente para aquelas regiões que foram dominadas e exploradas impiedosamente pelos colonizadores europeus. Diz explicitamente, numa carta: "O que precisamos não é enviar para lá missionários que queiram converter os africanos, mas pessoas que se disponham a fazer para os pobres o que deve ser feito, caso o Sermão da Montanha e as palavras de Jesus possuam algum valor. Se o cristianismo não realizar isso, perdeu seu sentido. Depois de ter refletido muito, isso ficou claro para mim: minha vida não é nem a ciência nem a arte, mas tornar-me um simples ser humano que, no espírito de Jesus, faz alguma coisa para os outros, por pequena que seja" (SCHWEITZER, 1994, p. 25-26).

Em seu hospital no interior da floresta tropical, entre um atendimento e outro de doentes, tinha tempo para refletir sobre os destinos da cultura e da humanidade. Considerava a falta de uma ética humanitária como a crise maior da cultura moderna. Dedicou anos no estudo das questões éticas, que ganharam corpo em vários livros, sendo o principal deles *O respeito diante da vida* (*Ehrfurcht vor dem Leben*, 1966).

Tudo em sua ética gira ao redor do respeito, da veneração, da compaixão, da responsabilidade e do cuidado para com todos os seres, especialmente para com aqueles que mais sofrem. Ponto de partida para Schweitzer é o dado primário de nossa existência, a vontade de viver que se expressa: "Eu sou vida que quer viver no meio de vidas que querem viver" (*Wie wir überleben können*, 1994, p. 73). À vontade de poder (*Wille zur Macht*) de Nietzsche, Schweitzer contrapõe a vontade de viver (*Wille zum Leben*). E continua: "A ideia-chave do bem consiste em conservar a vida, desenvolvê-la e elevá-la ao seu máximo valor; o mal consiste em destruir a vida, prejudicá-la e impedi-la de se desenvolver. Este é o princípio necessário, universal e absoluto da ética" (p. 52 e 73).

Para Schweitzer, as éticas vigentes são incompletas porque tratam apenas dos comportamentos dos seres humanos face a outros seres humanos e esquecem de incluir todas as formas de vida que se nos apresentam. O respeito que devemos à vida "engloba tudo o que significa amor, doação, compaixão, solidariedade e partilha" (p. 53).

Numa palavra: "A ética é a responsabilidade ilimitada por tudo o que existe e vive" (*Wie wir überleben*, p. 52. • *Was sollen wir tun*, 1986, p. 29). Esta responsabilidade nasce do respeito e da veneração diante de cada ser da natureza.

Como a nossa vida é vida com outras vidas, a ética do respeito à vida sempre deverá ser um con-viver e um con-sofrer (*miterleben und miterleiden*) com os outros. Numa formulação sucinta afirma: "Tu deves viver convivendo e conservando a vida, este é o maior dos mandamentos na sua forma mais elementar" (*Was sollen wir tun*, p. 26).

Dai derivam comportamentos de grande compaixão e cuidado. Interpelando seu auditório numa homilia, conclama: *"Mantenha teus olhos abertos para não perder a ocasião de ser um salvador. Não passe ao largo, inconsciente, do pequeno inseto que se debate na água e corre risco de se afogar. Tome um pauzinho e retire-o da água, enxugue-lhe as asinhas e experimente a maravilha de ter salvado uma vida e a felicidade de ter agido a cargo e em nome do Todo-poderoso. O verme que se perdeu na estrada dura e seca e que não pode fazer o seu buraco, retire-o e coloque-o no meio da grama. 'O que fizerdes a um desses mais pequenos foi a mim que o fizestes'. Esta palavra de Jesus não vale apenas para nós humanos, mas também para as mais pequenas das criaturas"* (*Was sollen wir tun,* p. 55).

A ética do respeito de Albert Schweitzer une inteligência emocional e coração num esforço de tornar a ética um caminho de salvaguarda de todas as coisas e de resgate do valor que elas possuem em si mesmas. O maior inimigo desta ética é o embotamento da sensibilidade, a inconsciência e a ignorância, que fazem perder de vista o dom da existência e a excelência da vida em todas as suas formas. O ser humano é chamado a ser o guardião de cada ser vivo. Ao realizar esta missão, ele alcança o grau maior de sua humanidade.

Ou vivemos o respeito incondicional a todo o ser, especialmente ao ser vivo e em particular ao ser humano, ou então perderemos a base que sustenta o empenho pela dignidade e pelos direitos humanos. Se não respeitarmos todo ser acabaremos não respeitando o ser humano, homem e mulher, o ser mais complexo e mais marcado pelo Mistério que nos é dado conhecer. Mas também o mais vulnerável, quando pobre, doente e discriminado. Sem o respeito e a veneração também perdemos a memória do Sagrado e do Divino que perpassam o universo e que emergem na consciência humana.

Se efetivamente vivermos o respeito como projeto pessoal, social e político, não precisamos mais falar de direitos dos animais, dos ecossistemas, da Terra e dos seres humanos. O respeito inclui e realiza todas estas dimensões.

7

O que é a vida e o caso do aborto

Praticamente a partir do lançamento das bombas atômicas sobre Hiroshima e Nagasaki, com e eliminação de 200 mil seres humanos e a devastação de todas as outras formas de vida, a humanidade se deu conta de que possuía um instrumento letal que podia fazê-la desaparecer da face da Terra. Porém não só ela, mas toda a vida conhecida.

Efetivamente, nos dias atuais, há um arsenal de armas químicas, biológicas e nucleares de tal monta que pode destruir toda a vida sobre a face da Terra por 25 formas diferentes, sem restar ninguém para contar a tragédia.

Que uma civilização tenha tido a audácia de construir uma máquina de autodestruição total significa que ela se tornou absolutamente irracional, tresloucada e digna, por certo, de ser rejeitada pela própria Terra de continuar vivendo sobre sua face. Ela se tornou inimiga da própria vida e da vida em geral no planeta vivo, chamado Gaia. Ela ameaça todos os seres vivos e até os inertes pela excessiva exploração de suas eventuais riquezas.

A partir dessa virada da consciência e da história começou-se a se colocar a questão: O que é finalmente a vida? Por que a vida humana é tão ameaçadora para as demais formas de vida?

As respostas consagradas mostram que a vida provém de Deus ou de fora, trazida por algum cometa, asteroide ou de outros planetas ancestrais, cujos habitantes a trouxeram para cá, mas cuja verificação empírica nos escapa totalmente. Ou quem sabe ela é uma emergência do próprio universo sempre em expansão, em autocriação e em auto-organização, do princípio cosmogênico?

Esta última hipótese parece ganhar mais e mais adesão. Na verdade, a nossa visão mudou radicalmente quando em 1953 Crick e Watson, dois cientistas norte-americanos, decifraram a estrutura de uma molécula do ácido desoxirribonucleico (DNA), que contém o manual de instruções da criação da vida humana. A molécula do DNA consiste em múltiplas cópias de uma única unidade básica, o nucleotídeo, que ocorre em quatro formas: adenina (A), timina (T), guanina (G) e citosina(C).

Esse alfabeto de quatro letras se desdobrava num outro alfabeto de vinte letras, que são as proteínas. Formam o código genético, que se apresenta numa estrutura de dupla hélice ou de duas cadeias moleculares. Ele é o mesmo em todos os seres vivos, estabelecendo entre todos eles um verdadeiro laço de parentesco. Watson e Crick concluíram: "A vida nada mais é do que uma vasta gama de reações químicas coordenadas; o 'segredo' desta coordenação é um complexo e arrebatador conjunto de instruções inscritas quimicamente em nosso DNA" (*DNA*. São Paulo: Companhia das Letras, 2005, p. 424).

Seguramente esta não é uma definição satisfatória do que seja a vida. Diria que ela é apenas sumária. Intuímos que ela é muito mais, pois no nosso nível ela é consciente, inteligente, capaz de amar, de cuidar e, ao mesmo tempo, capaz de odiar, de excluir e até de matar. Mas os cientistas descreveram apenas as condições físico-químicas que permitiram seu aparecimento. O que ela mesmo é permanece uma questão em aberto.

Aqui importa remeter ao teorema de Kurt Gödel (1906-1978), ou seja, da implenitude de todo tipo de saber.

A partir da nova cosmologia, da teoria do caos e das ciências da complexidade superou-se a visão darwiniana que estudava a vida somente a partir dos organismos vivos e da biosfera. Hoje trata-se de inserir na discussão da vida todos os seus pressupostos cósmicos, físico-químicos, a perspectiva quântica dos campos e as redes de energia, sem os quais não se entende a vida.

Como diz Stephen Hawking em seu livro *Uma nova história do tempo*: tudo no universo precisou de "um ajuste muito fino para possibilitar o desenvolvimento da vida. Por exemplo, se a carga elétrica do elétron tivesse sido apenas ligeiramente diferente, teria estragado o equilíbrio da força eletromagnética e gravitacional nas estrelas e, ou elas teriam sido incapazes de queimar o hidrogênio e o hélio, ou então não teriam explodido. De uma maneira ou de outra, *a vida não poderia existir*" (Rio de Janeiro: Ediouro 2005, p. 121).

A tendência atual na pesquisa é ver a vida como uma expressão de todo o processo evolutivo. Ao alcançar certo grau de complexidade e estando longe do equilíbrio (certo nível de caos, de desarranjo de certa ordem dada), emerge a vida como auto-organização daquele desequilíbrio. Sempre que isso ocorre, em qualquer parte do universo, a vida eclode como um imperativo cósmico. É a afirmação central de Christian de Duve, Prêmio Nobel de Biologia, em seu famoso livro *Poeira vital* (Rio de Janeiro: Campus, 1977). Assim, a vida humana é entendida como subcapítulo do capítulo da vida. Para entender a vida deve-se, pois, observar todo o processo evolutivo com as pré-condições que possibilitaram outrora, e ainda hoje possibilitam, sua emergência. Isso não define a vida, apenas tenta explicar como surgiu. Ela mesma é um mistério, pois precisamos estar vivos para poder estudá-la. De todas as formas, é a emergência mais complexa e avançada de todo o processo evolutivo. Dito numa linguagem religiosa: é o supremo dom do Criador, Fonte de vida.

Mas a grande contribuição de Dawson e Crick foi ter inserido a vida no processo global da evolução, como fizera também Ilya Prigogine com suas estruturas dissipativas da entropia. A vida representa, pois, uma possibilidade presente nas energias originárias e na matéria primordial. A matéria não é "material", mas um campo altamente interativo de energias. Esse evento maravilhoso ocorreu num minúsculo planeta do sistema solar, a Terra, há 3,8 bilhões de anos. Mas esta não detém, segundo o Prêmio Nobel de Medicina Christian de Duve (1974), a exclusividade da vida. Em seu livro *Poeira vital*, escreve: "O universo não é o cosmo inerte dos físicos com uma pitada a mais de vida por precaução. O universo é vida com a necessária estrutura à sua volta; consiste em trilhões de biosferas geradas e sustentadas pelo restante do universo" (São Paulo: Objetiva, 1997, p. 383).

Não precisamos recorrer a um princípio transcendente e externo para explicar o surgimento da vida. Basta que o princípio da complexidade e de auto-organização de tudo, o princípio cosmogênico, esteja presente naquele pontozinho primordial que primeiro se inflacionou e depois explodiu, este sim criado por uma Inteligência suprema, um infinito Amor e eterna Paixão. A vida, esta floração maior do processo da evolução, hoje está ameaçada. Por isso a urgência de cuidar dela.

Queremos abordar agora uma questão complexa e polêmica: Quando começou a vida humana? Ela é importante na discussão acerca do aborto.

A Igreja Católica afirma que ela começa no momento da concepção, no qual óvulo e espermatozoide se encontram. Sendo assim, mulheres que optam por realizar um aborto são acusadas de cometer um atentado contra uma vida em potencial.

No entanto, se colocarmos a questão mais amplamente, como o fizemos acima, inserindo a vida no processo global da evolução, percebemos que esta posição pode ser alargada e enriquecida naquilo que tem de verdade. Essa doutrina teria tudo a ganhar se fosse inserida no diálogo aberto pela nova biologia, pensada no arco da evolução global do universo dentro do qual emergiu a vida.

Sabemos que houve evolução na própria concepção da Igreja devido a um melhor conhecimento da formação da vida. Assim, por exemplo, para o mestre comum, Tomás de Aquino, a humanização começava apenas após 40 dias da concepção. A intervenção que ocorria antes disso não era considerada aborto, pois o ser humano não emergira ainda como tal.

Antigamente se imaginava que o espermatozoide continha o ser humano em forma liliputiana, esperando apenas para crescer e tornar-se bebê. A Igreja, para efeito de sua ética interna, pode estabelecer um momento de concepção da vida humana. Porém, ela deve ter consciência de que está entrando num campo no qual não possui competência específica, por ser próprio da ciência.

Se entendermos a vida como resultado de um processo cósmico que culmina na fecundação do óvulo, então devemos cuidar de todos os processos anteriores à fecundação do óvulo como a infraestrutura ecológica do ambiente, da água, do ar, da alimentação, das relações pessoais, parentais e sociais. Tudo o que concorre para o surgimento da vida deve ser objeto de cuidado por parte dos seres humanos, da sociedade e das igrejas. Todos os seres, especialmente os vivos, são interdependentes. Não se pode pensar a vida humana fora do contexto maior da vida em geral, da biosfera e das condições ecológicas que sustentam todo o processo.

Lamentavelmente os novos conhecimentos que nos vêm das ciências da Terra e da vida não evocam esse debate sobre o começo da vida e a eventual prática do aborto. A maioria deles ainda se baseia no império do velho paradigma da física clássica ou, no máximo, do evolucionismo darwiniano, que se ocupou da vida sem considerar tudo o que vem antes dela e que possibilitou o seu surgimento.

Ademais, devemos entender a vida humana processualmente. Ela nunca está pronta; lentamente vai desenrolando o código genético, que conhece várias fases até que o ser concebido possa ganhar relativa autonomia. Mesmo depois de nascidos não estamos ainda prontos, pois não temos órgão especializado que garanta nossa sobrevivência. Precisamos do cuidado dos outros, do trabalho sobre a natureza para criar nosso habitat e garantir nossa sobrevivência. Estamos sempre em gênese.

Todo esse processo representa a antropogênese, a gênese do ser humano. Mas ele pode ser interrompido numa das fases; quando, por exemplo, não chegou ainda a sua relativa autonomia. Isso quer dizer que pode se dar a interrupção de um processo que tendia à plenitude humana, mas que não foi alcançada.

Nesse quadro deve ser situado o aborto. Devemos proteger o mais possível o processo vital como um todo, mas também devemos entender que ele pode ser interrompido por múltiplas razões, uma delas pela determinação humana. Esta não é isenta de responsabilidade ética, mas devem ser considerados todos os constrangimentos que a mulher foi submetida ao pensar em abortar. Particularmente deve-se levar em conta o caráter processual da constituição da vida que ainda não chegou à sua plenitude. O aborto, neste nível, não representa em si uma agressão ao ser humano propriamente dito, pois este ainda não está completamente constituído, mas uma agressão ao processo que tendia a constituir um ser humano.

Consequentemente, tudo o que é vivo e tudo o que é condição para a vida, especialmente a humana, deve ser respeitado e cuidado. A vida só inicia porque as condições globais o permitem, sem as quais não haveria início algum. Estas considerações supõem uma cultura da integração do ser humano com a natureza, o respeito e a veneração particular por todos os seres, especialmente pelos seres vivos e conscientes.

Tudo o que existe e vive merece existir e viver. Cada ser é expressão do Mistério do Mundo, dito na linguagem da nova cosmologia: daquele transfundo misterioso de Energia do qual tudo sai e para o qual tudo retorna (Vácuo Quântico ou Fonte originária de todo o ser).

Celebrar, agradecidos, a existência de um ser humano e mesmo de todos os seres, interrogar-se pelo sentido de que alguém seja concebido e entre na história nos enche de admiração, de respeito e de reverência. Cultivar essas atitudes nos torna mais ligados ao Todo, nos faz mais solidários, cuidadosos e responsáveis por cada ser que vem a este mundo. Então a ética do cuidado, da responsabilidade, da compaixão, da solidariedade de todos com todos constitui a base fundamental de onde emergem as virtudes – benfazejas para a vida – especialmente daquela que está irrompendo do processo da vida.

Quando estas são internalizadas tornam problemática a prática do abordo. Não diria que, de qualquer forma, não possa ocorrer. Mas no horizonte dessa visão holística da vida, ele se torna cada vez mais desaconselhável. A mulher que busca o aborto deve poder ser acompanhada, ser instruída a respeito de todas essas conexões universais e saber que, aquilo que ela vai fazer ou deixar de fazer, tem implicações com o todo, porque tudo tem a ver com tudo em todos os momentos e circunstâncias. Mas quando tomar a decisão, cabe respeitar sua consciência, que é o mais sagrado que existe no ser humano e que o coloca imediatamente diante de Deus.

Em princípio, ético é tudo o que protege e expande a vida, tudo o que ajuda a tornar melhor o ambiente para que seja uma morada saudável:

materialmente sustentável, psicologicamente integrada e espiritualmente fecunda.

Como essa questão do aborto está carregada de traumas, sentimentos de culpa e, por vezes, de falta de humanidade dos diretores espirituais, padres e pastores, permito-me transcrever o testemunho recolhido de um renomado psicanalista junguiano de São Paulo, Léon Bonaventure, narrado em sua introdução a um livro de outra psicanalista junguiana italiana, Eva Pattis, intitulado *Aborto, perda e renovação: um paradoxo na procura da identidade feminina* (São Paulo: Paulus 2001). O que aqui se dirá não é uma solução, mas um testemunho de que sempre cabe por parte dos ministros religiosos uma palavra de compreensão, de compaixão e de misericórdia, as virtudes mais louvadas e vividas por Jesus.

Um padre ouviu a confissão de uma mulher que no passado havia abortado. Depois de ouvir a confissão, o padre perguntou: "Que nome você deu para o seu filho?" A mulher ficou surpresa, pois não tinha dado nome a seu filho. "Então [disse o padre] vamos dar-lhe um nome". E continuou: "Você o batizou? Se desejar, posso batizá-lo". E assim foi feito. Depois o padre fez algumas considerações sobre o mistério da vida: "Há a vida [disse ele] que vem à luz do dia para ser vivida na terra, durante 10, 50, 100 anos. Outras vidas nunca irão ver a luz do sol. No calendário litúrgico católico existe, no dia 28 de dezembro, a festa dos santos inocentes, os recém-nascidos que morreram gratuitamente quando nasceu a Criança divina em Belém. Que esse dia seja também o dia da festa de seu filho". E continuou ainda: "Na tradição cristã, o nascer de um filho é sempre um presente de Deus, uma bênção. No passado, o costume era ir ao templo para oferecer a criança a Deus. Nunca é tarde demais para também você oferecer seu filho a Deus". O padre terminou dizendo: "Como ser humano não posso julgar você, mas, se você pecou contra a vida, o próprio Deus da vida pode reconciliar você com ela. Vá em paz e viva" (p. 9-10).

Esse padre realizou em antecipação o que o Papa Francisco pede aos pastores: "Os ministros da Igreja devem ser misericordiosos, tomar a seu cargo as pessoas, acompanhando-as como o bom samaritano que lava, limpa, levanta o seu próximo. Isto é Evangelho puro. Deus é maior do que o pecado. Os ministros do Evangelho devem ser capazes de aquecer o coração das pessoas, de caminhar na noite com elas, de saber dialogar e mesmo de descer às suas noites, na sua escuridão, sem perder-se. O povo de Deus quer pastores, e não funcionários" (*Civiltà Cattolica*).

8

Escutar a natureza: a lição dos povos originários

Os eventos extremos que têm ocorrido com cada vez mais frequência na Terra, como grandes chuvas, inundações, temporais, furacões, tsunamis e deslizamentos de encostas nos levam a reaprender a escutar a natureza.

Toda nossa cultura ocidental, de vertente grega, está assentada sobre o *ver*. Não é sem razão que a categoria central – ideia – (*eidos*, em grego) significa visão. A tele-*visão* é sua expressão maior. Desenvolvemos até os últimos limites a nossa visão; penetramos com os telescópios de grande potência a profundidade do universo para ver as galáxias mais distantes; com os microscópios descemos às derradeiras partículas elementares e ao mistério íntimo da vida. O olhar é tudo para nós, mas devemos tomar consciência de que esse modo é específico do ser humano ocidental, e não de todos.

Existe o *escutar* como outro tipo de relação para com a natureza. As culturas próximas a nós, como as andinas (quéchuas, aimaras e outras) se estruturam ao redor do *escutar*. Logicamente esses povos também praticam o ver, mas sua singularidade é *escutar* as mensagens daquilo que veem.

O camponês do antiplano da Bolívia diz: "Eu escuto a natureza, eu sei o que a montanha me diz". Um xamã testemunha: "Eu escuto a Pacha Mama e sei o que ela está me comunicando".

Tudo fala: as estrelas, o sol, a lua, as montanhas soberbas, os lagos serenos, os vales profundos, as nuvens fugidias, as florestas exuberantes, os pássaros coloridos e os animais selvagens. As pessoas aprendem a escutar atentamente essas vozes. Livros não são importantes para os povos originários porque são mudos, ao passo que a natureza está cheia de vozes. Esses povos se especializaram de tal forma nessa escuta que sabem, ao ver as nuvens, ao escutar os ventos, ao observar as lhamas ou os movimentos das formigas, o que vai ocorrer na natureza.

Isso me faz lembrar uma antiga tradição teológica elaborada por Santo Agostinho e sistematizada por São Boaventura na Idade Média: a revelação divina primeira é a voz da natureza, o verdadeiro livro falante de Deus. Pelo fato de termos perdido a capacidade de ouvir, Deus, por piedade, nos deu um segundo livro, que é a Bíblia, para que escutando seus conteúdos pudéssemos ouvir novamente o que a natureza nos diz.

Em 1532, Francisco Pizarro, com uma cilada traiçoeira, aprisionou, em Cajamarca, o chefe inca Atahualpa. Feito isso ordenou ao frade dominicano Vicente Valverde que, com seu intérprete Felipillo, lhe lesse o *requerimento*: um texto terrível em latim pelo qual os indígenas deviam se deixar batizar e submeter-se aos soberanos espanhóis, pois o papa, representante de Deus, assim o dispusera. Se eles não o fizessem poderiam ser escravizados por serem desobedientes.

O inca perguntou de onde vinha aquela autoridade. Valverde entregou-lhe o livro da Bíblia. Atahaualpa pegou-o e colocou ao ouvido. Como não tivesse escutado nada jogou a Bíblia ao chão. Foi o sinal para que Pizarro massacrasse toda a guarda real e aprisionasse o soberano inca. Como se vê, a *escuta* era tudo para Atahualpa. O livro da Bíblia não falava nada.

Para a cultura andina tudo se estrutura dentro de uma teia de relações vivas, carregadas de sentido e de mensagens. Esses povos percebem o fio que tudo penetra, unifica e dá significado. Nós ocidentais vemos as árvores, mas não percebemos a floresta. As coisas parecem estar isoladas umas das outras; são mudas. A fala é só nossa e é tão alta que abafa a fala da natureza. Captamos as coisas fora do conjunto de suas relações. Por isso, nossa linguagem é formal e fria. Nela elaboramos nossas filosofias, teologias, doutrinas e dogmas. Mas esse é o nosso jeito de sentir o mundo, e não o de todos os povos. Não temos o direito de impô-lo a eles, como o fizemos pelo processo da evangelização colonizadora.

Os andinos nos ajudam a relativizar nosso pretenso "universalismo". Podemos expressar as mensagens por outras formas relacionais e includentes, e não por aquelas objetivísticas e mudas a que estamos acostumados. Eles nos desafiam a *escutar* as mensagens que nos vêm de todos os lados.

Nos dias atuais devemos escutar o que as nuvens negras, as ondas turbulentas do mar, as florestas das encostas, os rios que rompem barreiras, os declives abruptos, as rochas soltas nos advertem. As ciências na natureza nos ajudam nessa escuta, mas não é nosso hábito cultural captar as advertências daquilo que vemos. E, assim, nossa surdez nos faz vítimas de desastres lastimáveis, como o que ocorreu nas cidades serranas do Estado do Rio de Janeiro (Petrópolis, Teresópolis e Nova Friburgo) em 2011, considerado um dos maiores, em termos mundiais, dos últimos decênios. Só dominamos a natureza, obedecendo-a, quer dizer, escutando o que ela nos ensina. A surdez nos dará amargas lições.

9

E se a Terra se livrar da espécie humana, como fica?

Anteriormente consideramos os estragos que o ser humano fez em sua própria Casa, a Terra, especialmente nos últimos séculos, caracterizados pelo industrialismo e tecnificação de todas as nossas relações para com a natureza, visando o progresso, entendido como crescimento ilimitado de bens materiais (carros, eletrodomésticos, trens, aviões e tantas outras comodidades da vida cotidiana). Também aprendemos que a Terra, como muitos ainda imaginam, não é um empório de recursos que podem ser postos no mercado para venda e uso, mas um Ente vivo, complexo e único. Como todos os organismos vivos, organiza a parte química e física, bem como os demais nutrientes, para poder manter-se vivo e continuar produzindo vida (os micro-organismos, a flora, a fauna, as águas etc.). Chamaram-na de Gaia, nome grego para a Terra viva, o que corresponde à Pacha Mama dos povos andinos.

Ocorre que nos últimos tempos fomos surpreendidos por um fato inédito e alarmante: sentimos concretamente os limites da Terra. Ela, como todos os seres vivos e sadios, pode ficar doente. Mesmo assim, ela goza de grande capacidade de suporte. Mas há fronteiras que não podem ser ultrapassadas, e nós as ultrapassamos. Aí vimos as feridas e as doenças que lhe foram inoculadas pela espécie humana. Isso é mostrado de muitas formas, especialmente pelas mudanças climáticas e por transformações que podem ser constatadas por todos. Mas a maioria não vê a conexão existente entre essas transformações (tsunamis, furacões, enchentes, estiagens prolongadas etc.) com o aquecimento global. Pensa que uma coisa não tem nada a ver com as outras, e assim cria uma sociedade de cegos, como no romance de José Saramago, que sem perceber se aproximam de um abismo.

Se não reduzirmos os gases de efeito estufa, que provocam o aquecimento e danificam toda a biosfera, poderemos conhecer fenômenos de destruição em massa, como ocorreram em antigas eras. Se atingirmos ainda neste século um acréscimo de 5-6 graus Celsius, grande parte do capital biótico da Terra pode até desaparecer, como na era do Cambriano, há 570 milhões de anos, quando 80-90% das espécies vivas simplesmente foram dizimados para sempre.

Queremos isso para nós? Estamos construindo as condições que podem nos levar fatalmente a um fim trágico. Nunca na história humana ocorreu ameaça semelhante. Efetivamente podemos desaparecer. Diria mais, fizemos tantas e boas contra Gaia que, de repente, ela pode decidir não nos querer mais sobre sua face. Somos demasiadamente agressivos e destrutivos. Ameaçamos a nós mesmos destruindo-nos por guerras e por outras formas de violência massiva, somos um perigo permanente para os demais seres e, por fim, como denunciou o filósofo francês da ecologia Michel Serres em seu livro *Guerra Mundial* (Paris, 2000), montamos uma estratégia de guerra total contra a Terra, atacando-a em todas as frentes.

Segundo o Prêmio Nobel de Química de 1995, o holandês Paul J. Crutzen, criamos uma nova era geológica, a do *antropoceno*. Por ela o ser humano comparece como a grande ameaça destruidora da biosfera.

Uma coisa, porém, é inegável: não temos qualquer chance de ganhar essa guerra. A Terra não precisa de nós, mas nós precisamos da Terra. Ela poderá nos destruir, ficando coberta de cadáveres. Então continuará seu curso pelos milênios afora circulando dentro do sistema solar, mas sem nós.

É num contexto assim que se torna ineludível perguntar: Poderemos desaparecer da face da Terra? Infelizmente devemos dizer: Poderemos, isso não é impossível. Só nos resta a esperança de que se trata de uma possibilidade e até de uma probabilidade, caso se mantiverem as atuais condições ecológicas. Mas também existe a possibilidade de, colocados em extremo perigo, inventarmos estratégias que nos podem salvar. Como dizia o poeta alemão Hölderlin: "Onde é grande o risco de perdição, grande é também a chance de salvação".

Convém ouvir algumas vozes de grande seriedade científica e portadoras de sabedoria, pois têm muito a nos advertir e chamar para uma responsabilidade coletiva. Entre muitas delas destacamos algumas mais notáveis.

A primeira é a do Prêmio Nobel de Química, o belga Christian de Duve, em seu conhecido livro *Poeira vital* (Rio de Janeiro: Campus, 1997). Ele atesta que "a evolução biológica marcha em ritmo acelerado para uma grande instabilidade; de certa forma nosso tempo lembra uma daquelas importantes rupturas na evolução, assinaladas por extinções em massa" (p. 355). Antigamente eram os meteoros rasantes que ameaçavam a Terra; hoje o meteoro rasante se chama ser humano.

Théodore Monod (1902-2000), talvez o último grande naturalista, deixou como testamento um texto de reflexão com este título: *E se a aventura humana vier a falhar*? (*Et si l'aventure humaine devait échouer?* Paris: Grasset, 2000), que assevera: "Somos capazes de uma conduta insensata e demente; pode-se, a partir de agora, temer tudo, tudo mesmo, inclusive a aniquilação da raça humana" (p. 246). E acrescenta: "Seria o justo preço de nossas loucuras e de nossas crueldades" (p. 248).

O biólogo norte-americano Edward Wilson, o introdutor da palavra biodiversidade, assevera em seu instigante livro *O futuro da vida* (Rio de Janeiro: Campus, 2002): "O homem até hoje tem desempenhado o papel de assassino planetário [...]; a ética da conservação, na forma de tabu, totemismo ou ciência, quase sempre chegou tarde demais; talvez ainda haja tempo para agir" (p. 121). Em seu outro livro, *A criação – Como salvar a vida na Terra* (São Paulo: Companhia das Letras, 2008), sugere uma sagrada aliança entre religião e ciência. Segundo ele, as duas forças que mais mobilizam a humanidade como forma de evitar a aniquilação da vida.

Não podemos deixar de ouvir a opinião de James Lovelock, o formulador da Teoria de Gaia, em seus dois livros, cujos títulos dizem tudo: *A vingança de Gaia* (Rio de Janeiro: Intrínseca, 2006) e *Gaia: alerta final* (Rio de Janeiro: Intrínseca, 2009). No Brasil, em entrevista à Revista *Veja* de 25 de outubro de 2006, confirmava suas advertências, contextualizando-as para a realidade ecológica brasileira. Lovelock é contundente: "Até o fim do século, 80% da população humana desaparecerá. Os 20% restantes vão viver no Ártico e em alguns poucos oásis em outros continentes, onde as temperaturas forem mais baixas e houver um pouco de chuva... Quase todo o território brasileiro será demasiadamente quente e seco para ser habitado" (p. 20; cf. tb. MILLER, R. (org.). *God, Creation and Climate Change*. Nova York, 2010). Esta previsão foi confirmada pelo IPCC de 2013 quando o documento final se refere ao Brasil e à parte amazônica: teríamos um verão quente e permanente, durante o ano inteiro.

Para evitar semelhante catástrofe de dimensões apocalípticas precisamos de um sentimento comum de responsabilidade coletiva acerca de nosso futuro como espécie *homo*. Necessitamos também de muita sabedoria para tomar as decisões acertadas, pois desta vez não nos é permitido errar.

Tudo parece indicar que o tempo do relógio corre contra nós. Albert Jacquard, conhecido geneticista francês, intitulou assim um de seus últimos livros: *A contagem regressiva já começou?* (Paris, 2009). Possivelmente estamos chegando tarde demais, pois teríamos passado o ponto de não retorno.

Mas como a evolução não é linear e conhece frequentes rupturas e saltos quânticos para cima, como fruto de uma complexidade maior, e como existe o caráter indeterminado e flutuante de todas as energias e de toda a matéria consoante à física quântica de W. Heisenberg e de N. Bohr, não é de excluir que ocorra a emergência de um outro patamar de consciência que salvaguarde a biosfera e o Planeta Terra. A soma das energias de todos os movimentos e grupos que querem outro mundo possível e necessário criariam uma incomensurável onda morfogenética que envolveria todos e forçaria um salto de qualidade. E assim nos salvaríamos, seguramente, tendo que pagar alto preço para esse salto: a desmontagem desse tipo de mundo inimigo da vida para dar lugar a um mundo biocentrado e verdadeira "Terra da Boa Esperança" (Ignacy Sachs).

Se isso não ocorrer, o desaparecimento de nossa espécie significaria um desastre incomensurável para o universo, para a história da vida e para a história da vida humana (cf. COLLINS, P. *Judgment Day: the Struggle for Life on Earth*, N.Y. 2010). Seria uma regressão como nos tempos primordiais da história do planeta.

Entretanto, cabe fazer a seguinte reflexão, fruto da própria dinâmica da cosmogênese e da biogênese: na hipótese de que o ser humano venha a desaparecer como espécie, mesmo assim o princípio de inteligibilidade e de amorização ficaria preservado. Ele está primeiro no universo e somente depois em nós, seres humanos.

Esse princípio é tão ancestral quanto o universo. Quando, nos primeiríssimos momentos após a grande explosão, quando se formou o Campo Higgs e as primeiras partículas elementares, como os quarks e os prótons, tais partículas começaram a interagir. Fizeram surgir redes de relações e unidades de informação em ordens complexas. Aí se manifestava aquilo que depois se chamaria de espírito, aquela capacidade de criar unidades e quadros de ordem e de sentido. Ao desaparecer a espécie humana o espírito emergiria um dia, quem sabe depois de milhões de anos de evolução em algum ser mais complexo e melhor do que o atual.

Théodore Monod, falecido no ano 2000, sugere até um sucessor nosso, já presente na evolução atual: os *cefalópodes*, que são da espécie dos moluscos como os polvos e as lulas. Alguns deles possuem um aperfeiçoamento anatômico notável, sua cabeça é dotada de cápsula cartilaginosa, funcionando como crânio, e possuem olhos como os vertebrados. Detêm ainda um psiquismo altamente desenvolvido, até com dupla memória, quando nós possuímos apenas uma (p. 247-248).

Sem desconsiderar riscos referidos, somos otimistas: vamos criar juízo e aprender a ser sábios e a prolongar o projeto humano, purificado pela grande crise que seguramente nos acrisolará.

Mas importa já agora mostrar amor à vida (a *biofilia* de Wilson) em sua majestática diversidade, ter com-paixão para com todos os que sofrem, realizar rapidamente a justiça social necessária e a justiça ecológica urgente, que é respeitar e amar cada ser, particularmente a Grande Mãe, a Terra. Incentivam-nos as Escrituras judaico-cristãs: "Escolha a vida e viverás" (Dt 30,28). Andemos depressa, pois não temos muito tempo a perder.

Por fim, cabe uma pequena consideração de ordem teológica, pois pertence à teologia tratar dos fins últimos do ser humano e do universo (escatologia).

Antes de mais nada precisamos reconhecer que somos mortais porque assim foi querido por Deus. Um dia chegaremos ao nosso clímax e iremos desaparecer. Isso ocorre naturalmente com centenas e milhares de organismos vivos dia após dia. Depois de milhões de anos de evolução chegará também a nossa vez de deixar lugar para outras emergências da Terra. Inclusive a Terra será incinerada pelo excessivo calor pela queima do hélio do Sol, após ter consumido todo o oxigênio.

Brevemente diria: se o ser humano frustrar sua aventura planetária significa, sem dúvida, uma tragédia inominável, mas não seria uma tragédia absoluta. Essa, ele já a perpetrou um dia. Quando o Filho de Deus assumiu a nossa humanidade, nós o assassinamos, pregando-o na cruz. Só então se formalizou o que chamamos de *pecado original*, que é um processo histórico de negação progressiva da vida. Maior perversidade do que matar a criatura (a espécie humana) é matar o Criador, que se fez humano.

Para ganhar alguma luz convém pensar estas questões em termos da física quântica e da nova cosmologia. A evolução não é linear, ela acumula energia e dá saltos. Assim também nos sugere a visão elaborada por Niels Bohr e por Werner Heisenberg: virtualidades escondidas, vindas do Vácuo Quântico, daquele Oceano indecifrável de Energia que subjaz e pervade o universo, podem irromper e modificar a seta da evolução.

Custa-me aceitar que o nosso destino, depois de milhões de anos de evolução, termine assim miseravelmente nas próximas gerações. Haverá um salto quântico – essa é a nossa fé e esperança –, quem sabe, na direção daquilo que já em 1933 Pierre Teilhard de Chardin anunciava: a irrupção da *noosfera*, vale dizer, aquele estado de consciência e de relação com a natureza e com os seres humanos entre si que inaugurará uma nova convergência de mentes e corações. Criar-se-ia assim um novo patamar da evolução humana e da história da Terra. Verdadeira é a frase do filósofo Ernst Bloch, o formulador do *princípio esperança:* "o verdadeiro gênesis não está no começo, mas no fim".

Nessa perspectiva o cenário atual não seria de tragédia, mas de crise, que acrisola, purifica e faz amadurecer. Ela anuncia um novo começo, uma dor de um parto promissor, e não as penas de um abortamento da aventura humana. Ainda vamos irradiar.

O que importa reconhecer é que não acaba o mundo, mas pode acabar *este tipo* de mundo insensato que ama a guerra e devasta a natureza. Vamos inaugurar um mundo humano que ama a vida, dessacraliza a violência, tem cuidado e piedade para com todos os seres, realiza a justiça verdadeira, social e ecológica; enfim, que nos permite estar no monte das bem-aventuranças, e não no vale de lágrimas.

Ou, simplesmente, teremos aprendido a tratar humanamente todos os seres humanos e com cuidado, respeito e compaixão todos os demais seres. Essa possibilidade está dentro das emergências escondidas em nossa realidade humana, pois por nós o universo pensa a si mesmo, a Terra chega à sua consciência e nós nos fazemos os sacerdotes que celebram a grandiosidade da criação, sendo chamados a desfrutar da alegria de existir e de viver no interior de um processo de bilhões de anos, do qual nós somos herdeiros e representantes.

Importa suplicar veemente à Mãe Terra que nos perdoe e não nos condene ao desaparecimento. Em termos do tempo cósmico existimos apenas há alguns minutos. Ainda estamos em construção e não aprendemos suficientemente qual é nosso lugar no conjunto dos seres nem nossa verdadeira missão face à herança que recebemos do universo.

Mais e mais cresce a consciência de que fomos criados criadores, para completar a obra que está em curso e com a específica missão ética e espiritual de cuidar do Jardim do Éden, protegendo toda a riqueza que lá viceja. Esse jardim é a Terra-mãe, e nós seus guardiães e cuidadores.

10

Deus está dentro e fora do processo evolucionário

No termo de nossas reflexões e de buscas cabe perguntar: Deus, aquela Fonte originária de todo o ser, como se situa com referência ao processo cosmogênico? Alguns elementos da nova cosmologia nos ajudarão a ensaiar uma resposta, mesmo que provisória.

Nesse processo evolucionário que já possui 13,7 bilhões de anos houve caos e cosmos, emergências extraordinárias de novos seres, bem como terrificantes extinções em massa, como aquela do Permiano-Triássico por volta de 250 milhões de anos atrás, que dizimou cerca de 85% dos gêneros marinhos e 70% das espécies terrestres. Portanto, houve paradas, recuos, avanços, destruições em massa e novas retomadas. Mas, olhando para trás, o processo mostra uma seta que aponta para uma direção: para frente e para cima.

Somos conscientes de que renomados cientistas se recusam a aceitar uma direcionalidade do universo. Ele seria simplesmente sem sentido. Mas cabe reconhecer que normalmente o ser humano recusa o absurdo e vive buscando o sentido das coisas, do universo e de si mesmo. Outros, cito apenas um, como o conhecido físico da Grã-Bretanha Freeman Dyson, que afirma: *"Quanto mais examino o universo e estudo os deta-*

lhes de sua arquitetura, tanto mais evidências encontro de que ele, de alguma maneira, devia ter sabido que estávamos a caminho".

De fato, olhando retrospectivamente não podemos negar que houve uma escalada ascendente: a energia virou matéria, a matéria se carregou de informações, o caos destrutivo se fez generativo, o simples se complexificou, e de um ser complexo surgiu a vida, e mais tarde a vida consciente e inteligente. Há um propósito que dificilmente pode ser negado. Com efeito, se as coisas em seus mínimos detalhes não tivessem ocorrido como ocorreram, nós humanos não estaríamos aqui para falar dessas coisas (princípio antrópico fraco).

Escreveu com razão o conhecido matemático e físico Stephen Hawking em seu livro *Uma nova história do tempo* (2005): "Tudo no universo precisou de um ajuste muito fino para possibilitar o desenvolvimento da vida. Por exemplo, se a carga elétrica do elétron tivesse sido apenas ligeiramente diferente, teria destruído o equilíbrio da força eletromagnética e gravitacional nas estrelas, e assim, ou elas teriam sido incapazes de queimar o hidrogênio e o hélio, ou então não teriam explodido. De uma maneira ou de outra a vida não poderia existir".

Como emerge Deus no processo cosmogênico? Ele está dentro ou fora dele? Ele está dentro e fora simultaneamente. *Dentro* porque, como já vimos, comparece como aquela Energia suprema e inominável que subjaz a tudo o que existe. E ao mesmo tempo está *fora* porque Ele é anterior a tudo o que existe porque deu o impulso inicial a partir do qual tudo aconteceu e acontece.

Na verdade, a ideia de Deus surge quando colocamos a questão: O que havia antes do *Big-Bang*? Quem tirou de lá aquele pontozinho, milhares de vezes menor do que a cabeça de um alfinete, mas repleto de energia, de matéria e de informação? Quem deu o impulso inicial para que ocorresse a singularidade do *Big-Bang*? O nada? Mas do nada nunca vem nada. Se apesar disso apareceram seres é sinal de que Alguém ou Algo os chamou à existência e os sustenta no ser.

O que podemos sensatamente dizer é: antes do *Big-Bang* existia um oceano de Energia pura e sem margens, prevalecia o Incognoscível e vigorava o Mistério. Sobre a Energia pura, o Mistério e o Incognoscível, por definição, não se pode dizer literalmente nada. Por sua natureza, eles são antes das palavras, da energia, da matéria, do espaço e do tempo.

Ora, o Mistério e o Incognoscível são precisamente os nomes que as religiões e também o cristianismo usam para significar aquilo que chamamos Deus, ou Tao, Shiva, Javé, Olorum ou outro nome qualquer. Diante dele mais vale o silêncio do que a palavra. Não obstante, Ele pode ser percebido pela razão reverente e sentido pelo coração como uma Presença que enche o universo e faz surgir em nós o sentimento de grandeza, de majestade, de respeito e de veneração.

Colocados entre o céu e a terra, vendo as miríades de estrelas, retemos a respiração e nos enchemos de reverência. Naturalmente nos surgem as perguntas: Quem fez tudo isso? Quem se esconde atrás da Via Láctea? Como disse o grande rabino e místico Abraham Heschel, de Nova York: "Em nossos escritórios refrigerados ou entre quatro paredes brancas de uma sala de aula podemos dizer qualquer coisa e duvidar de tudo. Mas inseridos na complexidade da natureza e imbuídos de sua beleza não podemos calar. É impossível desprezar o irromper da aurora, ficar indiferentes diante do desabrochar de uma flor ou não quedar pasmados ao contemplar uma criança recém-nascida" (HESCHEL, A.J. *Deus em busca do homem*. São Paulo: Paulinas, 1975, p. 139). Quase que espontaneamente dizemos: foi Deus quem colocou tudo em marcha. É Ele a secreta Fonte originária e o Abismo alimentador de tudo.

Admitindo que Ele está, de um lado, na origem de tudo, antes de tudo e, por isso, de certa forma *fora*, porque está antes de tudo, e, por outro, está *dentro*, ao penetrar e sustentar tudo, pois, caso contrário, tudo voltaria ao nada ou ao Vácuo Quântico, surge uma questão importante: O que Deus quer expressar com a criação? Responder a isso não é preocupação apenas da consciência religiosa, mas da própria ciência. Sirva de ilustração o já citado Stephen Hawking em seu conhecido livro *Breve história do tempo* (1992): *"Se encontrarmos a resposta de por que nós e o universo existimos, teremos o triunfo definitivo da razão humana; porque, então, teremos atingido o conhecimento da mente de Deus"* (p. 238). Até hoje os cientistas ainda estão buscando o desígnio escondido de Deus.

A partir de uma perspectiva religiosa podemos sucintamente dizer: O sentido do universo e de nossa própria existência consciente parece residir no fato de podermos ser o espelho no qual Deus mesmo se vê. Cria o universo como desbordamento de sua plenitude de ser, de bondade, de inteligência e de amor. Cria para fazer outros participarem de sua superabundância. Cria o ser humano com consciência e inteligência para que este possa ouvir as mensagens que o universo quer lhe comunicar, para que possa captar as histórias dos seres da criação, dos céus, dos mares, das florestas, dos animais e do próprio processo humano, religando tudo à Fonte originária de onde procedem. Criou o ser humano para ser companheiro de seu amor e de sua bondade, para poder ser visto e conhecido a partir de fora, de alguém diferente dele, mas seu semelhante.

Para a tradição judeu-cristã, criou o ser humano criador, para levar avante a criação que intencionalmente a quis inacabada e para ser acabada pelo ser humano, para ele também ser cocriador, para que fosse o guardião e o cuidador daquilo que já foi criado. Para tudo isso existimos.

O universo ainda está nascendo. A tendência é acabar de nascer e mostrar as suas potencialidades escondidas. Por isso, a expansão também significa revelação. Quando todas as virtualidades tiverem vindo à luz e se tornado realidade, então se dará a completa revelação do desígnio do Criador. Será biblicamente o descanso sabático. Somente então serão verdadeiras as palavras: "E Deus viu que tudo era bom, e muito bom". Mas só então, porque, enquanto ascendemos penosamente a escalada da evolução, nem tudo é bom.

Então com Stephen Hawking poderemos dizer: agora conhecemos algo da mente de Deus, seu desígnio sobre todo o criado e sobre a nossa própria existência. Quem sabe, no termo de tudo, como atestam os místicos, não seremos convidados por Deus para ser também nós deus por participação? Oh, glória!

Conclusão

A importância da espiritualidade e da religiosidade para a Grande Transformação

O renomado biólogo Edward O. Wilson propôs uma aliança sagrada entre ciência e religião (cf. seu livro *A criação – como salvar a vida na Terra*, 2008) como articulação de forças de grande mobilização humana para, ao invés de se guerrearem, se unirem em função da salvaguarda da vida ameaçada pela irracionalidade do projeto humano de um crescimento material sem fronteiras, para além dos limites suportáveis pela Terra.

Chegou o momento de somarmos todas as energias, todos os saberes, todas as tradições espirituais e, juntos, para além das diferenças e de antigos conflitos, enfrentarmos a grande crise, uma verdadeira grande sexta-feira santa, e garantirmos uma ressurreição para nós e para toda a vida na Terra.

Nesse afã nos ajudam os caminhos espirituais e as tradições religiosas da humanidade. Se assumirmos o novo paradigma que vê tudo o que existe como emergência de um único e imenso processo de evolução que começou há bilhões de anos, que vai se expandindo, criando novas ordens e ocasionando emergências de novos seres e de novos sentidos de ser e de viver, veremos a espiritualidade e a religiosidade também como criações do universo. O processo cosmogênico permitiu que a inteligência humana detectasse um Fio condutor que tudo une, permitiu que descobrisse a Energia poderosa e amorosa que subjaz a tudo e a cada ser e lhe desse mil nomes; nomes de sua reverência, devoção e adoração.

A espiritualidade e a religiosidade não são monopólio das religiões e dos caminhos espirituais. São emergências do universo que, depois, ganham corpo nas diferentes religiões e caminhos espirituais, sem, contudo, nunca esgotarem a riqueza inerente a essa experiência oceânica de profundidade e de sentido.

Só uma mentalidade ainda aferrada ao velho paradigma que atomiza, separa e perde a visão da totalidade pode desacreditar a espiritualidade e a religiosidade. Esse positivismo já é ultrapassado e velhista, não dando conta dos avanços ocorridos na consciência humana, especialmente a partir das contribuições da nova cosmologia, da astrofísica, da nova biologia e da psicologia do profundo.

Quem viu claramente esse déficit de consciência e de compreensão não foi outro senão o norte-americano Samuel P. Huntington, assessor do Pentágono e Formador da escola de Diplomatas. A importância da religião, confessa ele, foi quase completamente esquecida pelos estrategistas das políticas mundiais. A maioria dos chefes de Estado e de seus conselheiros é filha da modernidade secularista e positivista, como também discípula dos mestres da suspeita que tentaram debalde deslegitimar o discurso religioso. Muitos deles ainda consideram a religião como um fóssil do passado mágico da humanidade ou coisa de quem não tem razão como as crianças ou de quem já perdeu a razão como os velhos. Consequentemente, não há por que levá-la em consideração nas estratégias da política externa mundial e nas questões ecológicas conexas ao tema da salvaguarda da vida.

Samuel P. Huntington mostrou que aqui vigora um grande desconhecimento e um oneroso equívoco. Isso porque, segundo ele, por detrás dos principais conflitos mundiais de hoje há um transfundo religioso inegável. Não tomá-lo a sério constitui um erro político. Ao responder às várias críticas que foram feitas ao seu famoso livro *Choque de civilizações* e ao reconhecer honestamente certas lacunas, fez no *Foreign Affairs* (nov.-dez./1993, p. 186-194) uma afirmação de grande relevância para o tema do qual nos ocupamos: "No mundo moderno a religião é uma força central, talvez 'a' força central que motiva e mobiliza as pessoas [...]. O que, em última análise, conta para as pessoas não é a ideologia política nem o interesse econômico; mas aquilo com que as pessoas se identificam são as convicções religiosas, a família e os credos. É por essas coisas que elas combatem e até estão dispostas a dar a sua vida" (p. 191 e 194).

Obviamente a religião não substitui a instância econômica, política, cultural e militar. Porém, cabe a ela formular as motivações profundas e criar aquela mística que confere força a um povo e que, em dados momentos, pode fornecer as justificações tanto para a guerra quanto para a paz, engajando todos quando se derem conta de que o futuro comum, da humanidade e da vida, está gravemente ameaçado.

É condão da espiritualidade e da religiosidade ver o outro lado da realidade, desenvolver uma fina percepção do sentido da história e dos perigos que a humanidade corre. Elas reforçam os engajamentos éticos, a responsabilidade coletiva, o amor à criação, saída das mãos de Deus através dos processos da evolução, e despertam a consciência de que somos seus guardiães e cuidadores. Mais do que um saber de cunho científico é um saber de cunho experiencial e sapiencial, que brota da razão cordial e sensível, sede das grandes intuições e visões que nos orientam quando as estrelas-guias se ofuscam e a humanidade se sente como que perdida.

Como já afirmamos neste livro, a espiritualidade é parte da Grande Transformação positiva que conclama os seres humanos para voltar-se à

Terra, abraçá-la como Grande Mãe geradora e nutridora de toda a vida que, doente, deve ser bem tratada e cuidada. É pela espiritualidade que os desesperançados encontram forças para caminhar, pois ela sempre alimenta sonhos e projeta utopias que mostram estrelas e apontam para caminhos, mesmo que pedregosos.

É a espiritualidade que não deixa a tragédia anunciada acontecer e a transforma numa crise de depuração, de libertação do cerne emaranhado de coisas que se agregaram nele e que lhe roubaram a seiva criadora. É a espiritualidade que intui Deus misturado nas coisas e confia que seu desígnio, mesmo deixando seus filhos e filhas passarem por uma via-sacra de padecimentos, termina numa ressurreição gloriosa.

Sem a espiritualidade o melhor, o mais profundo, o mais sagrado que existe no ser humano definharia e a luz santa que brilha no seu íntimo lentamente se consumiria até se apagar. A espiritualidade tem a força de sustar este dramático desastre e fazer com que se mantenha viva a brasa sagrada de onde pode irromper o fogo, a luz e o calor que alimentam a vida.

A partir dessa brasa, deste fogo, dessa luz e desse calor se reacende a Terra, se reavivam os seres combalidos, são sanadas as feridas e o sangue começa a correr de novo pelas veias, fortalecendo enfermos, animando os caminhantes e rasgando caminhos nunca antes percorridos. A vida pode continuar a vibrar, e cada existência a irradiar a alegria de ser. Então tudo vale a pena, porque, como diz o poeta, a espiritualidade faz com que a alma não seja pequena.

A espiritualidade se expressa pela devoção, pelo respeito reverente e pela entrega confiante à Suprema Realidade, feita de amor, de compaixão e de ternura. Sua expressão maior é a oração. Ela pode ser uma súplica, um lamento face aos absurdos da realidade que não conseguimos entender, um louvor face à bondade e generosidade de dons que a natureza nos entrega, de agradecimento pela vida que recebemos e que, dia a dia, se renova.

Outras vezes, nada dizemos, mas nos colocamos silenciosos diante do Mistério que tem nome e se chama Deus, Tao, Shiva, Olorum, Javé; calamos para poder sentir a voz de Deus que fala no profundo de nós mesmos. E aí percebemos que estamos na palma da mão de Deus, que tudo o que acontece, acontece no seu desígnio que, misteriosamente, é tecido de amor e de compaixão.

Num desses momentos me irrompeu esta oração que fecha as reflexões deste livro. É uma súplica e um reconhecimento da Terra como Mãe e como o Grande Sacramento de Deus pelo qual Ele se revela e ela o revela para nós.

Terra querida, Grande Mãe, Pacha Mama, Gaia e Casa Comum! Vieste nascendo, lentamente, há milhões e milhões de anos, grávida de energias criadoras.

Teu corpo, feito de pó cósmico, era uma semente no ventre das grandes estrelas vermelhas, de bilhões de anos atrás, em cujo seio se forjaram os principais elementos que compõem todas as coisas. Depois explodiram, lançando-te pelo espaço ilimitado. Vieste aninhar-te como embrião no seio de um Sol ancestral, no interior da Via Láctea. Ele também, depois de milhões de anos, sucumbiu de tanto esplendor. Explodiu e seus elementos foram ejetados em todas as direções do universo.

Tu vieste então parar no seio acolhedor de uma Nebulosa, onde, pequenina, perambulava em busca de um lar. E a Nebulosa se adensou virando um Sol esplêndido de luz e de calor: o nosso Sol atual.

Ele se enamorou de ti, te atraiu e te quis em sua casa, como um planeta seu, Terra, junto com Marte, Mercúrio, Vênus e outros compa-

nheiros teus. E celebrou um esponsal contigo. De teu matrimônio com o Sol nasceram filhos e filhas, frutos de tua ilimitada fecundidade, desde os mais pequenininhos, as bactérias, os vírus e os fungos, até os maiores e mais complexos como as florestas ancestrais, os dinossauros, os animais, as aves e os peixes. E como expressão nobre da história da vida nos geraste, homens e mulheres, portadores de consciência, de inteligência e de amor.

Nós somos aquela porção tua que começou a sentir, a pensar, a amar e a cuidar. Somos Terra. E como Terra continuas crescendo, embora adulta, para dentro do universo rumo ao Seio do Deus-Pai-e-Mãe de infinita ternura.

Desse inefável Útero vieram todos os seres, as galáxias, os sóis, as estrelas e cada pedra do caminho. Mas especialmente brotou toda a comunidade e vida, nossos companheiros e companheiras de viagem terrenal e cósmica. Deste Útero viemos e para ele retornamos para recebermos uma plenitude que somente Tu, Pai-Mãe, nos podes conceder. Queremos mergulhar em ti e ser um contigo para sempre junto com a Mãe Terra.

E eis que senti que o Espírito me dizia: Repita o gesto de Jesus! Como Ele tome o pão e depois tome o vinho e os transforme no corpo e no sangue do Senhor. Tome agora a Terra, e cheio de unção repita as palavras sagradas que Jesus um dia pronunciou: "Hoc est corpus meum" (Isto é o meu corpo). "Hoc est sanguis meus" (Isto é o meu sangue).

E então senti: o que era Terra se transformou em Paraíso e o que era vida humana se transfigurou em vida divina.

Finalmente, Mãe Terra, com teus filhos e filhas, chegaste à Fonte originária de todo o ser, caíste nos braços de Deus Pai e Mãe de infinita ternura. Contigo e com toda a criação nos sentimos o Corpo cósmico de Deus, no pleno esplendor de sua glória. Amém.

Livros de Leonardo Boff

1 – *O Evangelho do Cristo Cósmico*. Petrópolis: Vozes, 1971 [Esgotado – Reeditado pela Record (Rio de Janeiro), 2008].

2 – *Jesus Cristo libertador*. 21. ed. Petrópolis: Vozes, 2012.

3 – *Die Kirche als Sakrament im Horizont der Welterfahrung*. Paderborn: Verlag Bonifacius-Druckerei, 1972 [Esgotado].

4 – *A nossa ressurreição na morte*. 11. ed. Petrópolis: Vozes, 2012.

5 – *Vida para além da morte*. 26. ed. Petrópolis: Vozes, 2012.

6 – *O destino do homem e do mundo*. 12. ed. Petrópolis: Vozes, 2012.

7 – *Experimentar Deus*. 2. ed. Petrópolis: Vozes, 2012 [Publicado em 1974 pela Vozes com o título *Atualidade da experiência de Deus* e em 2002 pela Verus com o título atual].

8 – *Os sacramentos da vida e a vida dos sacramentos*. 28. ed. Petrópolis: Vozes, 2012.

9 – *A vida religiosa e a Igreja no processo de libertação*. 2. ed. Petrópolis: Vozes/CNBB, 1975 [Esgotado].

10 – *Graça e experiência humana*. 7. ed. Petrópolis: Vozes, 2012.

11 – *Teologia do cativeiro e da libertação*. Lisboa: Multinova, 1976 [Reeditado pela Vozes, 2014 (7. ed.)].

12 – *Natal*: a humanidade e a jovialidade de nosso Deus. 8. ed. Petrópolis: Vozes, 2009.

13 – *Eclesiogênese* – As comunidades reinventam a Igreja. 3. ed. Petrópolis: Vozes, 1977 [Reeditado pela Record (Rio de Janeiro), 2008].

14 – *Paixão de Cristo, paixão do mundo*. 7. ed. Petrópolis: Vozes, 2012.

15 – *A fé na periferia do mundo*. 5. ed. Petrópolis: Vozes, 1991 [Esgotado].

16 – *Via-sacra da justiça*. 4. ed. Petrópolis: Vozes, 1978 [Esgotado].

17 – *O rosto materno de Deus*. 11. ed. Petrópolis: Vozes, 2012.

18 – *O Pai-nosso* – A oração da libertação integral. 13. ed. Petrópolis: Vozes, 2013.

19 – *Da libertação* – O teológico das libertações sócio-históricas. 4. ed. Petrópolis: Vozes, 1976 [Esgotado].

20 – *O caminhar da Igreja com os oprimidos*. Rio de Janeiro: Codecri, 1980 [Esgotado – Reeditado pela Vozes (Petrópolis), 1998 (2. ed.)].

21 – *A Ave-Maria* – O feminino e o Espírito Santo. 10. ed. Petrópolis: Vozes, 2014.

22 – *Libertar para a comunhão e participação*. Rio de Janeiro: CRB, 1980 [Esgotado].

23 – *Igreja*: carisma e poder. Petrópolis: Vozes, 1981 [Reedição ampliada pela Ática (Rio de Janeiro), 1994, e pela Record (Rio de Janeiro), 2005].

24 – *Crise, oportunidade de crescimento*. Petrópolis: Vozes, 2011 [Publicado em 1981 pela Vozes com o título *Vida segundo o Espírito* e em 2002 pela Verus com o título atual].

25 – *São Francisco de Assis*: ternura e vigor. 13. ed. Petrópolis: Vozes, 2012.

26 – *Via-sacra para quem quer viver*. Petrópolis: Vozes, 2012 [Publicado em 1982 pela Vozes com o título *Via-sacra da ressurreição* e em 2003 pela Verus com o título atual].

27 – *Mestre Eckhart*: a mística do ser e do não ter. Petrópolis: Vozes, 1983 [Reedição sob o título de *O livro da Divina Consolação*. Petrópolis: Vozes, 2006 (6. ed.)].

28 – *Ética e ecoespiritualidade*. Petrópolis: Vozes, 2011 [Publicado em 1984 pela Vozes com o título *Do lugar do pobre* e em 2003 pela Verus com o título atual e com o título *Novas formas da Igreja*: o futuro de um povo a caminho].

29 – *Teologia à escuta do povo*. Petrópolis: Vozes, 1984 [Esgotado].

30 – *A cruz nossa de cada dia*. Petrópolis: Vozes, 2012 [Publicado em 1984 pela Vozes com o título *Como pregar a cruz hoje numa sociedade de crucificado* e em 2004 pela Verus com o título atual].

31 – *Teologia da Libertação no debate atual*. Petrópolis: Vozes, 1985 [Esgotado].

32 – *Francisco de Assis* – homem do paraíso. 4. ed. Petrópolis: Vozes, 1999.

33 – *A Trindade e a Sociedade*. 6. ed. Petrópolis: Vozes, 2014.

34 – *E a Igreja se fez povo*. Petrópolis: Vozes, 1986 [Reedição pela Verus (Campinas), 2004, sob o título de *Ética e ecoespiritualidade* (2. ed.), e *Novas formas da Igreja*: o futuro de um povo a caminho (2. ed.)].

35 – *Como fazer Teologia da Libertação?* 10. ed. Petrópolis: Vozes, 2010.

36 – *Die befreiende Botschaft*. Friburgo: Herder, 1987.

37 – *A Santíssima Trindade é a melhor comunidade*. 12. ed. Petrópolis: Vozes, 2011.

38 – *Nova evangelização*: a perspectiva dos pobres. 4. ed. Petrópolis: Vozes, 1991 [Esgotado].

39 – *La misión del teólogo en la Iglesia*. Estella: Verbo Divino, 1991.

40 – *Seleção de textos espirituais*. Petrópolis: Vozes, 1991 [Esgotado].

41 – *Seleção de textos militantes*. Petrópolis: Vozes, 1991 [Esgotado].

42 – *Con la libertad del Evangelio*. Madri: Nueva Utopia, 1991.

43 – *América Latina*: da conquista à nova evangelização. São Paulo: Ática, 1992.

44 – *Ecologia, mundialização e espiritualidade*. 2. ed. São Paulo: Ática, 1993 [Reedição pela Record (Rio de Janeiro), 2008].

45 – *Mística e espiritualidade* (com Frei Betto). 4. ed. Rio de Janeiro: Rocco, 1994 [Reedição revista e ampliada pela Garamond (Rio de Janeiro), 2005 (6. ed.) e reedição pela Vozes (Petrópolis), 2010].

46 – *Nova era*: a emergência da consciência planetária. 2. ed. São Paulo: Ática, 1994 [Reedição pela Sextante (Rio de Janeiro), 2003, sob o título de *Civilização planetária*: desafios à sociedade e ao cristianismo].

47 – *Je m'explique*. Paris: Desclée de Brouwer, 1994.

48 – *Ecologia* – Grito da terra, grito dos pobres. 3. ed. São Paulo: Ática, 1995 [Reedição pela Sextante (Rio de Janeiro), 2004].

49 – *Princípio Terra* – A volta à Terra como pátria comum. São Paulo: Ática, 1995 [Esgotado].

50 – (org.) *Igreja*: entre norte e sul. São Paulo: Ática, 1995 [Esgotado].

51 – *A Teologia da Libertação*: balanços e perspectivas (com José Ramos Regidor e Clodovis Boff). São Paulo: Ática, 1996 [Esgotado].

52 – *Brasa sob cinzas*. 5. ed. Rio de Janeiro: Record, 1996.

53 – *A águia e a galinha*: uma metáfora da condição humana. 50. ed. Petrópolis: Vozes, 2012.

54 – *Espírito na saúde* (com Jean-Yves Leloup, Pierre Weil, Roberto Crema). 7. ed. Petrópolis: Vozes, 2007 [Coleção Unipaz].

55 – *Os terapeutas do deserto* – De Fílon de Alexandria e Francisco de Assis a Graf Dürckheim (com Jean-Yves Leloup). 16. ed. Petrópolis: Vozes, 2013 [Coleção Unipaz].

56 – *O despertar da águia*: o dia-bólico e o sim-bólico na construção da realidade. 24. ed. Petrópolis: Vozes, 2013.

57 – *Das Prinzip Mitgefühl* – Texte für eine bessere Zukunft. Friburgo: Herder, 1998.

58 – *Saber cuidar* – Ética do humano, compaixão pela terra. 20. ed. Petrópolis: Vozes, 2014.

59 – *Ética da vida*. 3. ed. Brasília: Letraviva, 1999 [Reedição pela Sextante (Rio de Janeiro), 2005, e pela Record (Rio de Janeiro), 2009].

60 – *A oração de São Francisco*: uma mensagem de paz para o mundo atual. 9. ed. Rio de Janeiro: Sextante, 1999 [Reedição pela Vozes (Petrópolis), 2014 (4. ed.)].

61 – *Depois de 500 anos*: que Brasil queremos? 3. ed. Petrópolis: Vozes, 2003 [Esgotado].

62 – *Voz do arco-íris*. 2. ed. Brasília: Letraviva, 2000 [Reedição pela Sextante (Rio de Janeiro), 2004].

63 – *Tempo de transcendência* – O ser humano como um projeto infinito. 4. ed. Rio de Janeiro: Sextante, 2000 [Reedição pela Vozes (Petrópolis), 2009].

64 – *Ethos mundial* – Consenso mínimo entre os humanos. 2. ed. Brasília: Letraviva, 2000 [Reedição pela Sextante (Rio de Janeiro), 2003 (2. ed.)].

65 – *Espiritualidade* – Um caminho de transformação. 3. ed. Rio de Janeiro: Sextante, 2001.

66 – *Princípio de compaixão e cuidado* (em colaboração com Werner Müller). 4. ed. Petrópolis: Vozes, 2009.

67 – *Globalização*: desafios socioeconômicos, éticos e educativos. 3. ed. Petrópolis: Vozes, 2002 [Esgotado].

68 – *O casamento entre o céu e a terra* – Contos dos povos indígenas do Brasil. Rio de Janeiro: Salamandra, 2001.

69 – *Fundamentalismo*: a globalização e o futuro da humanidade. Rio de Janeiro: Sextante, 2002 [Esgotado].

70 – (com Rose Marie Muraro) *Feminino e masculino*: uma nova consciência para o encontro das diferenças. 5. ed. Rio de Janeiro: Sextante, 2002 [Reedição pela Record (Rio de Janeiro), 2010].

71 – *Do iceberg à arca de Noé*: o nascimento de uma ética planetária. 2. ed. Rio de Janeiro: Garamond, 2002 [Reedição pela Mar de Ideias (Rio de Janeiro), 2010].

72 – (com Marco Antônio Miranda) *Terra América*: imagens. Rio de Janeiro: Sextante, 2003 [Esgotado].

73 – *Ética e moral*: a busca dos fundamentos. 9. ed. Petrópolis: Vozes, 2014.

74 – *O Senhor é meu Pastor*: consolo divino para o desamparo humano. 3. ed. Rio de Janeiro: Sextante, 2004 [Reedição pela Vozes (Petrópolis), 2013 (3. ed.)].

75 – *Responder florindo*. Rio de Janeiro: Garamond, 2004 [Reedição pela Mar de Ideias (Rio de Janeiro), 2012].

76 – *São José*: a personificação do Pai. 2. ed. Campinas: Verus, 2005 [Reedição pela Vozes (Petrópolis), 2012].

77 – *Virtudes para um outro mundo possível* – Vol. I: Hospitalidade: direito e dever de todos. Petrópolis: Vozes, 2005.

78 – *Virtudes para um outro mundo possível* – Vol. II: Convivência, respeito e tolerância. Petrópolis: Vozes, 2006.

79 – *Virtudes para um outro mundo possível* – Vol. III: Comer e beber juntos e viver em paz. Petrópolis: Vozes, 2006.

80 – *A força da ternura* – Pensamentos para um mundo igualitário, solidário, pleno e amoroso. 3. ed. Rio de Janeiro: Sextante, 2006.

81 – *Ovo da esperança*: o sentido da Festa da Páscoa. Rio de Janeiro: Mar de Ideias, 2007.

82 – (com Lúcia Ribeiro) *Masculino, feminino*: experiências vividas. Rio de Janeiro: Record, 2007.

83 – *Sol da esperança* – Natal: histórias, poesias e símbolos. Rio de Janeiro: Mar de Ideias, 2007.

84 – *Homem*: satã ou anjo bom. Rio de Janeiro: Record, 2008.

85 – (com José Roberto Scolforo) *Mundo eucalipto*. Rio de Janeiro: Mar de Ideias, 2008.

86 – *Opção Terra*. Rio de Janeiro: Record, 2009.

87 – *Fundamentalismo, terrorismo, religião e paz*. Petrópolis: Vozes, 2009.

88 – *Meditação da luz*. 2. ed. Petrópolis: Vozes, 2010.

89 – *Cuidar da Terra, proteger a vida*. Rio de Janeiro: Record, 2010.

90 – *Cristianismo*: o mínimo do mínimo. Petrópolis: Vozes, 2013.

91 – *El planeta Tierra*: crisis, falsas soluciones, alternativas. Madri: Nueva Utopia, 2011.

92 – (com Marie Hathaway). *O Tao da Libertação* – Explorando a ecologia da transformação. 2. ed. Petrópolis: Vozes, 2012.

93 – *Sustentabilidade*: O que é – O que não é. 3. ed. Petrópolis: Vozes, 2014.

94 – *Jesus Cristo Libertador*: ensaio de cristologia crítica para o nosso tempo. Petrópolis: Vozes, 2012. [Selo Vozes de Bolso].

95 – *O cuidado necessário*: na vida, na saúde, na educação, na ecologia, na ética e na espiritualidade. Petrópolis: Vozes, 2012.

96 – *O Espírito Santo* – Fogo interior, doador de vida e Pai dos pobres. Petrópolis: Vozes, 2013.

97 – *Francisco de Assis* – *Francisco de Roma*: a irrupção da primavera? Rio de Janeiro: Mar de Ideias, 2013.

98 – *A Grande Transformação* – Na economia, na política e na ecologia. Petrópolis: Vozes, 2014.

CULTURAL

Administração
Antropologia
Biografias
Comunicação
Dinâmicas e Jogos
Ecologia e Meio Ambiente
Educação e Pedagogia
Filosofia
História
Letras e Literatura
Obras de referência
Política
Psicologia
Saúde e Nutrição
Serviço Social e Trabalho
Sociologia

CATEQUÉTICO PASTORAL

Catequese
 Geral
 Crisma
 Primeira Eucaristia

Pastoral
 Geral
 Sacramental
 Familiar
 Social
 Ensino Religioso Escolar

TEOLÓGICO ESPIRITUAL

Biografias
Devocionários
Espiritualidade e Mística
Espiritualidade Mariana
Franciscanismo
Autoconhecimento
Liturgia
Obras de referência
Sagrada Escritura e Livros Apócrifos

Teologia
 Bíblica
 Histórica
 Prática
 Sistemática

VOZES NOBILIS

Uma linha editorial especial, com importantes autores, alto valor agregado e qualidade superior.

REVISTAS

Concilium
Estudos Bíblicos
Grande Sinal
REB (Revista Eclesiástica Brasileira)
SEDOC (Serviço de Documentação)

VOZES DE BOLSO

Obras clássicas de Ciências Humanas em formato de bolso.

PRODUTOS SAZONAIS

Folhinha do Sagrado Coração de Jesus
Calendário de Mesa do Sagrado Coração de Jesus
Agenda do Sagrado Coração de Jesus
Almanaque Santo Antônio
Agendinha
Diário Vozes
Meditações para o dia a dia
Guia Litúrgico

CADASTRE-SE
www.vozes.com.br

EDITORA VOZES LTDA.
Rua Frei Luís, 100 – Centro – Cep 25689-900 – Petrópolis, RJ
Tel.: (24) 2233-9000 – Fax: (24) 2231-4676 – E-mail: vendas@vozes.com.br

UNIDADES NO BRASIL: Belo Horizonte, MG – Brasília, DF – Campinas, SP – Cuiabá, MT
Curitiba, PR – Florianópolis, SC – Fortaleza, CE – Goiânia, GO – Juiz de Fora, MG
Manaus, AM – Petrópolis, RJ – Porto Alegre, RS – Recife, PE – Rio de Janeiro, RJ
Salvador, BA – São Paulo, SP